Stephan Johanus

Schaut die Lilien!

Stephan Johanus

Schaut die Lilien!

Kontextpredigten

Fromm Verlag

Impressum / Imprint
Bibliografische Information der Deutschen Nationalbibliothek: Die Deutsche Nationalbibliothek verzeichnet diese Publikation in der Deutschen Nationalbibliografie; detaillierte bibliografische Daten sind im Internet über http://dnb.d-nb.de abrufbar.

Bibliographic information published by the Deutsche Nationalbibliothek: The Deutsche Nationalbibliothek lists this publication in the Deutsche Nationalbibliografie; detailed bibliographic data are available in the Internet at http://dnb.d-nb.de.

Verlag / Publisher:
Fromm Verlag
ist ein Imprint der / is a trademark of
OmniScriptum GmbH & Co. KG
Bahnhofstraße 28, 66111 Saarbrücken, Deutschland / Germany
Email: info@omniscriptum.com

Herstellung: siehe letzte Seite /
Printed at: see last page
ISBN: 978-3-8416-0226-8

Inhalt

IV. Thematische Predigt

V. Anhang

Vorwort

Liebe Leserin, lieber Leser,

man würde erwarten, dass eine Predigt so etwas wie ein himmlisches Wort ist, etwas ganz und gar göttliches. Stattdessen nenne ich diese Sammlung eigener Predigten „Kontextpredigten“ und lege den Schwerpunkt auf die nähere Umgebung, die Gemeinden, Zeiten und Orte. Das Wort Gottes ist immer zeitgebunden und so auch das Wort in Gestalt der Predigt. Meine Predigten sind an ganz unterschiedlichen Orten entstanden: in einer reformierten Parochialgemeinde in Brandenburg (Hohenbruch), in Großziethen und Schönefeld vor den Toren Berlins, in einer internationalen, lutherisch geprägten Gemeinde, der American Church in Berlin, in der Japanischsprachigen Gemeinde zu Berlin, in methodistischen Gemeinden in der Schweiz, einmal in der Ostschweiz, mehr in ländlicher Gegend in Flawil und Niederuzwil und dann in der Evangelisch-methodistischen Kirche in Baden, meiner heutigen Gemeinde.

Die Menschen in den Gemeinden haben wesentlich zu den Predigten beigetragen. Ihre Fragen, Erwartungen und Eigenheiten sind direkt oder indirekt in sie eingeflossen. Sie sind Teil eines Gespräches und durch das Gespräch sind sie wesentlich inspiriert worden. Deshalb kann man die Predigten nicht ohne ihre Kontexte lesen. Man könnte auch sagen: meine Predigten sind nur die eine Seite des Kuchens! Um diese Perspektive anzudeuten, habe ich von einigen Kirchen und Orten Bilder eingesetzt. (Alle Fotos, ohne Namen, stammen von mir.) Die Informationen sind zu spärlich, aber sie sollen das Bewusstsein für die Kontexte wachhalten.

Dass im öffentlichen Fernsehen eine Sendung über einen christlichen Künstler ausgestrahlt wird, ist für Europa sicherlich nichts Ungewöhnliches. Für Japan, mit einem christlichen Bevölkerungsanteil von 1%, ist es ein herausragendes Ereignis. Man kann also meine Predigten, und ich denke Predigten im allgemeinen, nicht anders lesen, als den Kontext mit zu bedenken. Die Angaben zu den Orten, Zeiten und Menschen, sind spärlich. Aber das sind und bleiben sie auch, wenn wir uns dem Wort Gottes in biblischer Gestalt nähern. Auch wenn bei den Kontexten meiner Predigten die Informationen zugänglich wären, blieb hier nicht der Platz, um sich ihnen ausführlicher zu widmen.

Hierzu nur noch einige wenige Anmerkungen: Es wird dem Leser(In) auffallen, dass die Anrede an den Predigthörer zwischen „Sie“ und „Du“ wechselt. In den methodistischen

Kirchen in der Schweiz ist das „Du“ allgemein üblich. Ich habe es so beibehalten, um auch hier zu verdeutlichen, wie abhängig die Sprache vom Kontext ist.

Vor dem Literaturverzeichnis habe ich eine Liste beigefügt, in der die Predigten nach Entstehungorten aufgelistet sind. Sie soll einen Überblick ermöglichen.

Allen Gemeinden bin ich zu Dank verpflichtet für ihre Inspirationen, fürs Zuhören, für den Glauben, das miteinander Suchen und Fragen. Besonders möchte ich der Evangelisch-reformierten Kirchengemeinde in Hohenbruch (in Brandenburg, bei Oranienburg) und deren damalige Pastorin Jane Holslag danken. Jane hatte mir vor vielen Jahren geholfen, wieder Mut und Tritt zu fassen, um das Wort erneut auszurichten. Ihr und der Gemeinde in Hohenbruch sei dieser Band gewidmet.

Danken möchte ich auch dem Fromm-Verlag für die Möglichkeit dieser Publikation und für die Ermutigungen, das Projekt auch wirklich in die Tat umzusetzen.

„Allein Gott in der Höh‘ sei Ehr!“ (EKG 179)

Stephan Johanus

Baden (Schweiz), den 20. November 2011.

Die Evangelisch-reformierte Kirche in Hohenbruch (mit dem altem Turm), in Brandenbrug

I. Alttestamentliche Predigten

Kein Opfer! (1.)

Predigt über Genesis 22 (Die Opferung Isaaks)

am Sonntag Judika in der Evangelisch-methodistischen Kirche Baden, Schweiz

22 1 Nach diesen Geschichten versuchte Gott Abraham und sprach zu ihm: Abraham! Und er antwortete: Hier bin ich. 2 Und er sprach: Nimm Isaak, deinen einzigen Sohn, den du lieb hast, und geh hin in das Land Morija und opfere ihn dort zum Brandopfer auf einem Berge, den ich dir sagen werde.

3 Da stand Abraham früh am Morgen auf und gürtete seinen Esel und nahm mit sich zwei Knechte und seinen Sohn Isaak und spaltete Holz zum Brandopfer, machte sich auf und ging hin an den Ort, von dem ihm Gott gesagt hatte. 4 Am dritten Tage hob Abraham seine Augen auf und sah die Stätte von ferne 5 und sprach zu seinen Knechten: Bleibt ihr hier mit dem Esel. Ich und der Knabe wollen dorthin gehen, und wenn wir angebetet haben, wollen wir wieder zu euch kommen.

6 Und Abraham nahm das Holz zum Brandopfer und legte es auf seinen Sohn Isaak. Er aber nahm das Feuer und das Messer in seine Hand; und gingen die beiden miteinander. 7 Da sprach Isaak zu seinem Vater Abraham: Mein Vater! Abraham antwortete: Hier bin ich, mein Sohn. Und er sprach: Siehe, hier ist Feuer und Holz; wo ist aber das Schaf zum Brandopfer? 8 Abraham antwortete: Mein Sohn, Gott wird sich ersehen ein Schaf zum Brandopfer. Und gingen die beiden miteinander.

9 Und als sie an die Stätte kamen, die ihm Gott gesagt hatte, baute Abraham dort einen Altar und legte das Holz darauf und band seinen Sohn Isaak, legte ihn auf den Altar oben auf das Holz 10 und reckte seine Hand aus und fasste das Messer, dass er seinen Sohn schlachtete.

11 Da rief ihn der Engel des HERRN vom Himmel und sprach: Abraham! Abraham! Er antwortete: Hier bin ich. 12 Er sprach: Lege deine Hand nicht an den Knaben und tu ihm nichts; denn nun weiß ich, dass du Gott fürchtest und hast deines einzigen Sohnes nicht verschont um meinetwillen.

13 Da hob Abraham seine Augen auf und sah einen Widder hinter sich in der Hecke mit seinen Hörnern hängen und ging hin und nahm den Widder und opferte ihn zum Brandopfer

an seines Sohnes statt. 14 *Und Abraham nannte die Stätte »Der HERR sieht«. Daher man*
noch heute sagt: Auf dem Berge, da der HERR sieht. (Lutherbibel 1984)

15 *Und der Engel des HERRN rief Abraham abermals vom Himmel her* 16 *und sprach: Ich*
habe bei mir selbst geschworen, spricht der HERR: Weil du solches getan hast und hast
deines einzigen Sohnes nicht verschont, 17 *will ich dein Geschlecht segnen und mehren wie*
die Sterne am Himmel und wie den Sand am Ufer des Meeres, und deine Nachkommen sollen
die Tore ihrer Feinde besitzen; 18 *und durch dein Geschlecht sollen alle Völker auf Erden*
gesegnet werden, weil du meiner Stimme gehorcht hast.

19 *So kehrte Abraham zurück zu seinen Knechten. Und sie machten sich auf und zogen*
miteinander nach Beerscheba und Abraham blieb daselbst.

Liebe Gemeinde,

ein Kindermord im Auftrag Gottes! Es kann wohl nichts Unbegreiflicheres geben als dieses! Was setzt Abraham hier wohl aufs Spiel? Den Tod seines einzigen Sohnes! Und mit dem Tod seines Sohnes sollen auch alle Verheißungen Gottes sterben, die Verheißung auf Nachkommenschaft, die Verheißung Vater eines großen Volkes zu werden, die Verheißung, so zahlreiche Nachkommen zu haben, wie die Sterne am Himmel.

Gott führt Abraham in die Dunkelheit. Und Abraham geht! Dabei wird der Leser gleich entlastet, es handle sich ja um eine Versuchung. Und damit ahnt er schon im voraus, dass letztlich doch alles gut ausgehen soll. Aber eine Versuchung von Gott? Versucht Gott überhaupt? Steht nicht in der gleichen heiligen Schrift „*Niemand sage, wenn er versucht wird, dass er von Gott versucht werde. Denn Gott kann nicht versucht werden zum Bösen, und er selbst versucht niemand.*“ Jak 1,13

Unglaublich, was Abraham an Gott leidet! Ob es nun Versuchung ist oder nicht, wer hat das nicht schon erlebt, dass seine Lebensbahn ins Dunkle rutscht, trotz Glauben, trotz Treue zum Wort, geht es bergab, und wir bleiben an Gottes Hand, aber sie tröstet in dieser Zeit nicht, sie führt eher weiter hinein ins Dunkle.

Der Gott, der Abraham tröstete, der ihn ins Weite führte, der ihn stark machte, macht ihn nun schwach, lässt ihn verzweifeln an ihm selbst, an Gott. Und Abraham geht, geht hinein in die Dunkelheit trotz Zweifel, trotz Unwilligkeit und vieler Fragen.

Verfolgen wir die Entstehung dieser Geschichte im Alten Testament, so wird ihr am Anfang eine Erzählung von einem kanaanäischen Kinderopfer zugrunde gelegen haben. Der Schluss, die Auflösung und Rettung des Kindes ist vermutlich später hinzugefügt worden. So hat man die Geschichte gerade als Appell, als Ethik des jüdischen Glaubens gegen alle Kinderopfer verstehen wollen. Erst in einer späteren Bearbeitung werden die verschiedenen Entwicklungsstufen der Geschichte miteinander verbunden. Betrachten wir die langwierige Entstehung der Geschichte von der kanaanäischen Kulterzählung bis zur Ortslegende eines jüdischen Heiligtums, so müssen wir annehmen, dass sich hier auch die Religionen vermischt haben. Das Gefühl für das, was richtig und angemessen ist, kommt ja auch bei uns nicht einfach nur aus dem Glauben, sondern vermischt sich auch immer mit dem, was wir als Sitte unseres Landes für richtig halten. Ein guter Christ in Deutschland ist eben auch ein guter Deutscher. Und ein guter Christ in der Schweiz, eben auch ein guter Schweizer.

Unsere Spiritualität hängt zu einem großen Teil mit unserer Mentalität zusammen, ob wir gerne aus uns herausgehen, ob wir eher introvertiert oder extrovertiert sind. Ob wir und wie wir die Natur lieben, das hängt alles damit zusammen, wo wir aufgewachsen sind.

Wir können ja die Bibel gar nicht anders lesen, als mit unseren schweizerischen, unseren deutschen, amerikanischen oder asiatischen Augen. Anders geht es einfach nicht. Das soll und muss auch so sein. Aber versucht werden wir so manches Mal zu glauben, dass das, was wir als nationale oder kulturelle Haltung unseres Landes empfinden, schon als christlich darstellen.

John Wesley (1703-1791), der Gründer der Methodistischen Kirche, hat entschieden dagegen protestiert, etwas als richtig anzunehmen, nur weil es eben der Sitte des eigenen Landes entspricht. Sei es Sklaven zu halten, Menschen in Abhängigkeit zu halten, Ausländer zu unterdrücken oder schlecht zu behandeln, usw.

Der damalige Leser unserer Versuchungsgeschichte muss das erst einmal begreifen, dass die Kinderopfer nicht zu den religiösen Gepflogenheiten der Religion Israels gehören. Dass sich Israel hier abgrenzen muss. Dass sie gottwidrig und nicht geboten sind. (Aber ob es sie je gegeben hat, darüber streiten sich noch die Gelehrten. Mitunter könnte es auch reine Polemik gegen die anderen Völker gewesen sein.) Unser Verstehen und unsere Sichtweise liegt jedenfalls so lange im Dunkeln, wie wir nur von unserem Standpunkt aus die Dinge sehen, uns nur um das von uns Geliebte drehen. Natürlich ist für jeden Menschen das eigene und das von daheim vertraute das liebste. Aber Gottes Ruf führt uns auf den Berg, an dem wir wirklich Gott anbeten sollen. Und diese neue Religion auf dem Berg der Verheißung ist eben kein Menschenwerk mehr, nichts, was wir von uns aus selbst vollbringen könnten. Alles, was wir hier sagen, übersteigt in seinem Wahrheitsgehalt die engen Grenzen unseres heimatgebundenen Lebens, unserer eigenen Grenzen, und doch benutzen wir ja nur die alten Instrumente unserer angestammten Religion.

Abraham glaubte Gott, aber er wusste nie im vor hinein, wie die Geschichte ausgehen würde. Er hoffte gegen Gott mit Gott. Sein Glaube veränderte sich in jener Stunde durch Gottes Gegenwart, durch seinen aktuellen Befehl. Dieser Glaube des Abrahams ist niemals ein fertiges Gebilde. Vielmehr lebt er im Gegenüber zu dem lebendigen Gott, der sich immer wieder neu zeigt, und oftmals so, wie wir es niemals vermutet hatten. Unser kulturelles Gewissen, der Bestand an Glaubenswahrheiten, die uns durch unsere Erziehung und durch unsere Einbindung in unsere Kultur gegeben wird, sie liegen tief. Im Prozess des Glaubens aber hilft uns Gott durch das Dunkel an Unwahrheiten, Halbwahrheiten und Wahrheiten hindurch, bis er uns führt, ihn von Angesicht zu Angesicht zu sehen. Bis dahin sind wir wie Abraham auf dem Weg zu glauben und zu tun, was wir von ihm vernommen haben.

Gott aber stellt uns immer wieder einen Engel an die Seite, um uns zu berichtigen, zu warnen und zu helfen, auf das Opfer zu verzichten, unsere Dunkelheiten abzuwerfen und die freie Luft des Evangeliums zu atmen. Amen.

Baden im Aargau (Schweiz) – Blick auf die Altstadt.

Du hast mit Gott gekämpft (2.)

Predigt zum Israelsonntag in Eichwalde (bei Berlin) über Genesis 32, 23-33

23Und Jakob stand auf in der Nacht und nahm seine beiden Frauen und die beiden Mägde
und seine elf Söhne und zog an die Furt des Jabbok, 24nahm sie und führte sie über das
Wasser, sodass hinüberkam, was er hatte, 25und blieb allein zurück.

Da rang ein Mann mit ihm, bis die Morgenröte anbrach. 26Und als er sah, dass er ihn nicht
übermochte, schlug er ihn auf das Gelenk seiner Hüfte, und das Gelenk der Hüfte Jakobs
wurde über dem Ringen mit ihm verrenkt. 27Und er sprach: Lass mich gehen, denn die
Morgenröte bricht an. Aber Jakob antwortete: ***Ich lasse dich nicht, du segnest mich denn.***
28 Er sprach: Wie heißt du? Er antwortete: Jakob. 29 Er sprach: Du sollst nicht mehr Jakob
heißen, sondern Israel; denn du hast mit Gott und mit Menschen gekämpft und hast gewonnen.
30 Und Jakob fragte ihn und sprach: Sage doch, wie heißt du? Er aber sprach: Warum fragst
du, wie ich heiße? Und er segnete ihn daselbst.

31 Und Jakob nannte die Stätte Pnuël; denn, sprach er, ich habe Gott von Angesicht gesehen,
und doch wurde mein Leben gerettet. 32 Und als er an Pnuël vorüberkam, ging ihm die Sonne
auf; und er hinkte an seiner Hüfte. 33 Daher essen die Israeliten nicht das Muskelstück auf
dem Gelenk der Hüfte bis auf den heutigen Tag, weil er auf den Muskel am Gelenk der Hüfte
Jakobs geschlagen hatte. (Lutherbibel 1984)

Des Nachts ringen zwei Männer miteinander. Ein Kampf wie es ihn selten gibt. Mann gegen Mann. Besser: Ein Engel des Herrn gegen einen seiner Diener, gegen Jakob. Jakob gibt nicht auf, auch nachdem er empfindlich auf die Hüfte geschlagen wird. Er hält ihn fest, den Engel, lässt nicht los, verkrallt sich in ihn. Er ruft: „Ich lasse dich nicht, du segnest mich denn."
Jakob bekommt einen neuen Namen nach diesem Kampf „Israel", d.h. übersetzt „**Du hast mit Gott gekämpft**." Oder wird die ganze Geschichte nur erzählt, damit die Menschen wissen, woher der Name Israel stammt und was er zu bedeuten hat? Was ist das „Israel"? Ein Land, ein Volk, eine Weise zu glauben, eine Religion, eine Art zu leben und sich an Gott zu halten, komme was wolle, ihm treu zu sein, auch gegen seine scheinbare Untreue? Ja, das alles ist Israel.

Israel, damit bricht über uns herein oft das Gefühl der kollektiven Schuld und der bleibenden Verantwortung für das heutige Volk Israel aufgrund der Gräueltaten der Nazis mit 6 Millionen ermordeter Juden.

Israel, damit verbinden wir die Geschichten des biblischen Volkes, des Volkes im Alten Testament, immer wieder von Gott bewahrt, von Gott befreit. Der Gott Israels, ein Gott der Freiheit. Mit Ausbeutung und Unterdrückung jedenfalls nicht zu vereinbaren.

Israel, damit verbinden wir eine Leidensgeschichte durch den Antisemitismus in Europa verursacht, vom Mittelalter bis in die Neuzeit. Juden wurden immer wieder an den Rand der Gesellschaft gedrängt, immer wieder verantwortlich gemacht als Sündenböcke für Krankheiten, Pest, Brunnenvergiftungen und vieles andere mehr.

Israel, damit verbinden wir die großen Schätze der Bibel, die Psalmen, die Verheißungen eines Messias, Ankündigungen ein messianischen Reiches.

Israel, damit verbinden wir als Christen Jesus Christus, ein Jude, geboren in Israel, von den neutestamentlichen Autoren in die Ahnenreihe der Könige Israels und der Stammväter gesetzt. Und auch wenn die beiden Stammbäume im Neuen Testament unterschiedlich aufgebaut sind, zweifeln wir doch nicht an ihrer Grundaussage.

Israel, damit verbinden wir auch schreckliche Bilder des Krieges in gegenwärtiger Zeit, Bilder des Terrors, der sinnlosen Gewalt, eines nie enden wollenden Konflikts im Nahen Osten, um ein Land, dessen politische Bedeutung für den Weltfrieden in keinem Verhältnis steht zu seiner geographischen Größe.

Die Geschichte des Heils, die Geschichte Gottes mit der Menschheit, die Geschichte des Christentums und eines jeden Gläubigen bleibt verbunden mit Israel.

Jesus Christus aber steht auf der Schwelle zwischen dem Volk Israel und der Zukunft Gottes. Nicht der Berg Samaria, nicht das irdische Jerusalem ist der wahre Ort der Anbetung, sondern der Geist Gottes selbst, der aber auch und gerade gefunden wird in Israel, als Glaube, als Lebensweise, als Volk, als Verheißung. Christus weist mit seiner Person auf das Volk Gottes: "**Das Heil kommt von den Juden**" (Joh 4,22), dessen Verheißungen nicht abgerissen sind, dessen Bundesschlüsse mit Gott ewig gültig bleiben. Jesus Christus selbst weist auf den nie versiegenden Quell des Wassers, der Segensströme des lebendigen Gottes, die nun aber durch ihn und in ihm fließen sollen für alle Völker der Welt und bleibend für Israel.

Was helfen da die selbst gebastelten Weisheiten und Lebenserklärungsversuche einer Samaritanerin, die mit Mühsal versucht, ihrem Leben einen Sinn zu geben. Sie versucht mit großer innerer und äußerer Anstrengung das Kartenhaus ihrer eigenen Lebensgeschichte zusammenzuhalten. Fünf Männer hat sie gehabt, wahrscheinlich sind hier fünf Stämme oder

Götter der Samaritaner gemeint. Immer wieder hat sie sich angelehnt, auf andere ihr Glück gebaut, anderen vertraut, wo sie doch nur durch das rechte Vertrauen in Gott und dann auch in sich selbst den Anker ihres Lebens hätte finden können. Die Frage dieser unglücklichen Frau war schließlich, die Frage, die uns selbst alle angeht: „**Wer bin ich**? **Wo gehört mein Leben hin**? Welche sind die Ströme des Lebens?" Und letztlich: „Wie kann ich beten? Wie kann Gott für mich zur Quelle des lebendigen Wassers werden, das ins ewige Leben mündet?"

Die ganze Wahrheit über ihr Leben, ja, die steht noch aus, die ist noch im Kommen, letztlich wird sie irgendwann offenbart, glaubt sie. Ja, letztlich wird sie sich in ihrer ganzen Vollendung erst im Eschaton, im Letzten, das wir erleben, zeigen. Doch dieses Letzte ist schon offenbart im Gegenwärtigen. Das ist die Botschaft des Christus, der ihr begegnet. Die Wahrheit über dein Leben gibt es schon jetzt, aber sie liegt nicht in deinen Abgründen, nicht in deiner Verzweiflung, nicht in deinen unglücklichen, ergebnislosen Versuchungen der Selbstdeutung, sondern in Gott selbst. In ihm findest du deine wahre Identität, denn er bemisst dich nicht nach dem Erfolg der Selbstdeutungen, nicht nach dem, was du aus dir selbst machst oder nicht schaffst zu machen, sondern er beurteilt dich mit dem Maß eines dich liebenden und in seiner Liebe sich hingebenden Vaters. Mit der Liebe einer Mutter, die nicht danach fragt, was ihr Kind geleistet oder verbrochen hat.

Diese Liebe ist die Wahrheit Gottes, von der die Samaritanerin einen Anflug von Erkenntnis erfährt, einen Anflug, der sie völlig aus sich selbst und von sich selbst befreit, aber zu sich selbst hinführt, zu ihrem wahren Ich. Sie spürt einen neuen Geist, einen **Geist der Freiheit**, der sie nicht festnagelt auf ihre Irrtümer oder depressiven Gefühle, die sie umgeben haben wie trübe Gewitterwolken. Nein, der Glaube, von dem sie angesteckt wird, ist kein im Menschen durch den Menschen erzeugtes Gefühl. Er ist keine durch den Menschen gehaltene und aufgerichtete Gesetzmäßigkeit, die man sich anerziehen könnte oder die man erreicht durch tagelanges Sitzen und Meditieren. Er ist vielmehr **ein Geschenk**. Ein von außen ihr überreichtes Paket der Liebe Gottes, dessen Realität sie genauso, ja noch viel mehr trauen kann als der Abgründigkeit ihrer Selbstzweifel. Weil es von außen kommt, ist es stärker als alle Selbstversuche, alle menschlichen Konstruktionen. Und weil dieser Glaube im ganzen Menschen erlebbar ist, kann er wirklich seelische Heilung bringen, kann er das scheinbar Unveränderliche bewegen. Auch in ihr selbst.

Hatte auch sie mit Gott gekämpft, mit der Frage nach Gott, oder zumindest mit dem, was sie für Gott hielt, bevor sie hier vor ein Allerletztes zu stehen kam, dem sie nicht mehr entrinnen konnte?

Dieser Glaube ist nichts anderes und nichts Geringeres als der Glaube eines Abrahams, der nicht wusste, wohin er ging, und doch aufbrach, weil Gott ihn rief. Es ist nichts anderes, aber auch nichts Geringeres als der Glaube eines Mose, der nicht glauben konnte und manchmal sogar nicht wollte, dass er das Volk Israel aus dem Sklavenhause Ägyptens befreien sollte. Und doch machte er sich auf, weil er wusste, dass Gott selbst sich erhoben hatte sein Volk zu befreien.

Dieser Glaube war nichts Geringeres als der Glaube einer **Esther**, die mit Gottes Hilfe und mit den Tugenden des Glaubens den Mord an ihrem Volk, am Volk Israel, zu verhindern wusste, die es wagte und gewann - eine Heldin in Israel.

Dieser Glaube war und ist nichts Geringes. Aber nun durch Jesus Christus, war es auch ihr möglich und auch uns, liebe Gemeinde, sich von diesem Geist des Glaubens ergreifen zu lassen, sich von dieser Wahrheit einen Weg durch die Finsternis leuchten zu lassen, sich von diesem Licht bescheinen zu lassen. Nun war es auch ihr möglich, nicht aus Israel stammend, aber von dem Gotte Israels beschenkt zu werden und herausgeführt zu werden in das Land der Freiheit. Nun war es auch ihr gegeben und uns. Amen.

Gott sorgt vor! (3.)

Predigt zum 7. Sonntag nach Trinitatis in der Evangelisch-reformierten Kirchengemeinde Hohenbruch (2. Mose 16,2-3.11-18)

16 2 Und es murrte die ganze Gemeinde der Israeliten wider Mose und Aaron in der Wüste. 3
Und sie sprachen: Wollte Gott, wir wären in Ägypten gestorben durch des HERRN Hand, als
wir bei den Fleischtöpfen saßen und hatten Brot die Fülle zu essen. Denn ihr habt uns dazu
herausgeführt in diese Wüste, dass ihr diese ganze Gemeinde an Hunger sterben lasst.

11 Und der HERR sprach zu Mose: 12 Ich habe das Murren der Israeliten gehört. Sage
ihnen: Gegen Abend sollt ihr Fleisch zu essen haben und am Morgen von Brot satt werden
und sollt innewerden, dass ich, der HERR, euer Gott bin.

13 Und am Abend kamen Wachteln herauf und bedeckten das Lager. Und am Morgen lag Tau
rings um das Lager. 14 Und als der Tau weg war, siehe, da lag's in der Wüste rund und klein
wie Reif auf der Erde. 15 Und als es die Israeliten sahen, sprachen sie untereinander: Man
hu? Denn sie wussten nicht, was es war. Mose aber sprach zu ihnen: Es ist das Brot, das euch
der HERR zu essen gegeben hat. 16 Das ist's aber, was der HERR geboten hat: Ein jeder
sammle, soviel er zum Essen braucht, einen Krug voll für jeden nach der Zahl der Leute in
seinem Zelte.

17 Und die Israeliten taten's und sammelten, einer viel, der andere wenig. 18 Aber als man's
nachmaß, hatte der nicht darüber, der viel gesammelt hatte, und der nicht darunter, der
wenig gesammelt hatte. Jeder hatte gesammelt, soviel er zum Essen brauchte.

(Lutherbibel 1984)

Liebe Gemeinde,

„Da murrte die ganze Gemeinde der Israeliten gegen Mose und Aaron in der Wüste." Was murren und stöhnen wir eigentlich heute? Über die ständig steigenden Benzinpreise? Über ein immer unberechenbareres Klima? Über Arbeitsverhältnisse, die nicht verlässlich, also eigentlich keine mehr sind? Selbst junge Leute bekommen nur noch Zeitverträge und dann geht die Firma vielleicht auch noch pleite. Gerade dort, wo ich arbeite, am Flughafen in

Schönefeld, kann man die Marktmechanismen in ihrer ganzen Grausamkeit erfahren. Gerade dort sind auch die Diakonie und Caritas, die für den Behindertentransport von Fluggästen sorgten, bei einem Ausschreibungsverfahren unterlegen. Kann man da nicht ein wenig murren?

Wir murren, wenn wir nur noch Wüste sehen, keinen Ertrag für unsere Arbeit, keine Anerkennung für unsere Leistung. Was hat das Ganze dann noch für einen Sinn? Wenn man nur noch schwitzt und kein Land in Sicht ist, und andere in scheinbarer Einfachheit und Bequemlichkeit ihr Auskommen haben.

Dann sehnen wir uns zurück zu den Fleischtöpfen Ägyptens, nach den alten Zeiten, in denen alles besser war. Wir sehen keine Zukunft, wenn wir das Gefühl haben, dass sich Gott aus unserem Leben zurückgezogen hat.

Aber so hat es ja nicht angefangen. Wenn wir die Situation des Volkes Israel verstehen wollen, müssen wir ganz an den Anfang zurückgehen. Sklaven waren sie in Ägypten und sie mussten sinnlos harte und ungerechte Arbeit vollbringen, schuften bis sie umfielen. Dabei richteten sie sich dafür zugrunde, um den Herrschern Tempel für ihre Götzen zu errichten. Pithom und Ramses, diese beiden prächtigen Städte half Israel als Sklavenvolk aufzubauen.

Doch Gott hatte ihre Gebete erhört, ihre Schreie vernommen und berief Mose in der Wüste, um den Kindern Israels Gottes Willen auszurichten, um sie aus der Sklaverei zu befreien. Im Dornbusch vernahm der Prophet, dass ein Feuer der Liebe Gottes für sein Volk brannte, dass Gott entflammt, war sie zu retten und sich ihrer zu erbarmen. Unter Zeichen und Wundern bestätigte Gott Mose als Prophet und Führer der Befreiung, unter Offenbarung seines Namens, sonst hätten sie ihm nicht geglaubt. Und so zogen sie aus, mit all ihrem Hab und Gut und bekamen noch Geschenke von ihren früheren Herren. Sie zogen aber auch mit ihrer Furcht und Unentschiedenheit aus, mit Skepsis und doch Glauben, mit Mut und doch Verzagtheit und dem Willen, eine neue Existenz aufzubauen. Doch ihr Weg führte sie erst einmal in die Wüste. In karges Land, an den Ort, an dem sie nur noch ihre eigene innere Stimme hörten und den Versuchungen der Leere und der Gottverlassenheit ausgesetzt waren.

Wären wir doch in Ägypten geblieben, an den Fleischtöpfen unserer Peiniger, so wünschten sie sich zurück. In ihrer Verzweiflung verzerrt sich die Vergangenheit. Fleisch hatten sie ja nicht zu essen gehabt in Ägypten, Fleisch war für ihre Herrscher, ihnen gehörte nur harte Arbeit und ein billiger Tod.

So wie der Weg der Israeliten mit Gott, so beginnt der Glaubensweg von Christen mit einem Auszug, mit einer Befreiung in der Erkenntnis der Erlösung von Sünde und Schuld, in der Befreiung vor Todesangst und Menschengehorsam. Und in den Evangelien wird immer wieder davon berichtet, wie Jesus Menschen aufrichtet, befreit, heilt und aus der Gefangenschaft ihres Ichs, von Krankheiten und Irrtümern, von Angst und Verzagtheit befreit. Jeder Glaube beginnt mit dieser Erkenntnis als Jesus, dem Retter, Befreier und fährt fort mit einer Freude im Heiligen Geist, mit Friede und einer Heiterkeit über das Heil, dass wir von Gott empfangen haben. „*Wo der Geist des Herrn ist, da ist Freiheit!*“ (2. Kor 3,17), bekennt Paulus und erinnert seine Schwestern und Brüder: „***Zur Freiheit** hat uns Christus befreit! So steht nun fest und lasst euch nicht wieder das Joch der Knechtschaft auflegen*!“ (Gal 5,1)

Doch dann machen wir immer wieder die Erfahrung, dass dieser Glaube uns in die Wüste führt, ins Unwirtliche, ins Ungangbare, ins Ziel- und Sinnlose und wir rufen nach Gott. Wir erinnern uns, dass auch Jesus nach seiner Taufe vom Geist, heißt es dort, in die Wüste geführt wurde und vierzig Tage und Nächte lang fastete.

Diese Gottverlassenheit des Christen, so sagt der reformierte Theologe Karl Barth, ist viel tiefer und nicht zu vergleichen mit der Gottverlassenheit des Atheisten, des Nicht-Christen. Denn dieser hätte Gott ja noch nie erfahren. Der Christ aber hatte schon einmal seine Segnungen verspürt, hatte von seinem Geist vernommen, hatte erfahren, wie es „aus dem Himmel mit Strömen der Liebe geregnet“ (EG 316,4) hatte und wie er gesegnet wurde. All das war nun nicht mehr. Es war Wüstenzeit. Öde. Nichts als das eigene Selbst brüllte den Kindern Israels von Innen entgegen. Mit ihren eigenen Wünschen, Nöten und Ängsten waren sie allein. Wo aber war Gott?

Und sie murrten. Dürfen wir eigentlich murren gegen Gott und Gottes Diener? Die Antwort lautet einfach nur „Ja“! Gegen Gottes Diener, weil sie auch nur Diener Gottes sind wie wir. Gegen Gott, weil er uns gerade dazu einlädt, alle unsere Sorgen, Nöte und Klagen ihm anzuvertrauen. Hiob und Jeremia klagen in ihren tiefsten Nöten gegen Gott, brachten im Gebet alles vor ihn, was sie bewegt. Und selbst Jesus am Kreuz ruft den Vater an, weil er in unbeschreibliche Verlassenheit und Qual gekommen ist:

„*Rufe mich an in der Not, so will ich dich erretten, und du sollst mich preisen*!“, (Psalm 50, 15) heißt es in den Psalmen. Und im 1. Petrusbrief steht**:** „*Alle eure Sorge werfet auf ihn, denn er sorgt für euch*!“ (1.Petr 5,7).

Dass Leute wie Mose sich angegriffen fühlen, wenn ihr Führungsanspruch in Frage gestellt wird, ist damals so bitter, wie heute, gerade auch deshalb, weil sie selbst nichts falsch gemacht hatten und ihnen selbst nichts vorzuwerfen war.

Nun aber antwortet Gott auf das Murren der Israeliten mit der Gabe von Brot und Fleisch, von Manna und Wachteln, in der Wüste. Sie entdecken das süßliche Etwas, und fragen, auf Hebräisch „mann hu", was ist das? Und die Antwort lautet: „Manna!" Das Vorkommen von Mann und Wachteln in der Wüste ist nichts Ungewöhnliches. Die Wachteln ziehen im Frühjahr und Herbst über den Sinai und sind nach einem langen Flug meist so erschöpft, dass sie mit der einfachen Hand gefangen werden können, weil sie einfach keine Kraft mehr haben, fortzufliegen.

Auch das Manna ist ein ganz natürliches Phänomen. Es entsteht als Sekret von Tamariskenbäumen und Sträuchern, wenn sie von der im Sinai heimischen Schildlausart gestochen werden. Es hängt tropfenweise am Gras, manchmal auch an Steinen und Ästen. Und schmeckt süß wie Honig, hängt und klebt an den Zähnen, wenn man es isst. Es kann mit Koriandersamen verglichen werden und vom Geschmack her mit Honigkuchen.

Dass es Manna und Wachteln gab und gibt, ist also nicht das Wunder. Dass aber die Israeliten in der Wüste in ihrer Not, als sie dachten, sie müssten sterben, von Gott auf Wege gewiesen wurden, um zu überleben: Das bleibt das eigentlich Wunderbare. So sorgt Gott vor.

Im 4. Buch Mose wird die Geschichte von Manna und Wachteln noch einmal erzählt. Hier wird viel deutlicher, dass Gott das Murren der Israeliten ernst nimmt. Wegen ihrer Verzagtheit kommen sie einfach nicht weiter. Hier wird auch viel deutlicher erzählt, wie Gott Mose hilft, als er das Volk kaum mehr zu ertragen weiß. Gott bestimmt Älteste und legt seinen Geist auf sie, denselben Geist, den auch Mose empfangen hatte. Den Geist der Befreiung, der Weisheit und Gerechtigkeit, den Geist Gottes.

Hier wird auch viel deutlicher erzählt, wie Gott durch einen Wind die Wachteln an die Ruhestätte der Israeliten treibt und sie damit versorgt. Der Wind aber steht oft als Symbol für den Geist Gottes. Durch seinen Geist hilft Gott den Israeliten wieder auf. Es bleibt ein Wunder dieses Wehen des Geistes, das Handeln Gottes in der Welt. Aber darauf können wir hoffen und vertrauen, dass Gott auch uns in auswegloser Situation und in unserer Schwachheit aufhilft durch seinen Geist, durch den Geist Jesu Christi, der verheißen ist.

Den Geist aber, so sagt die Bibel, gibt Gott nicht nach dem Maß! (Joh 3,34). Merkwürdigerweise liegt doch hier das zweite Wunder in unserer Geschichte. Der eine sammelt viel, der andere wenig. Aber als sie es mit dem „Gomer“, das ist ein Zehntel eines Ephas, eines Getreidemaßes von 36 Liter, ein Gomer sind also 3,6 Liter, gemessen hatten, hatten alle das gleiche Maß, unabhängig davon, wie viel ein jeder gesammelt hatte. Es liegt also nicht an jemandes Laufen oder Wollen (Röm 9,16), liebe Gemeinde, sondern an Gottes Erbarmen, an seiner Gnade allein.

Bei allem Murren und Verzagen, können wir also getrost sein, liebe Gemeinde: Gott sorgt ja doch für uns. Halten wir Ausschau, nicht nach den Fleischtöpfen Ägyptens, aber nach der Wegzehrung und dem himmlischen und auch irdischen Brot, dass Gott uns reichen will auf wundersame Weise. Haben wir es nicht erfahren, wie er uns bisher geleitet hat? Ja, er wird uns auch in Zukunft versorgen und uns führen in sein gelobtes Land. Amen.

Evangelisch - reformierte Kirche Hohenbruch (mit neuem Turm).

Die Rückseite Gottes (4.)

Predigt zu Exodus 33, 17b - 23
Evangelisch-methodistische Kirche Baden, Schweiz

33 17b Du hast Gnade vor meinen Augen gefunden, und ich kenne dich mit Namen.

*18 Und Mose sprach: Lass mich deine Herrlichkeit sehen! 19 Und er sprach: Ich will vor
deinem Angesicht all meine Güte vorübergehen lassen und will vor dir kundtun den Namen
des HERRN:* ***Wem ich gnädig bin, dem bin ich gnädig, und wessen ich mich erbarme,
dessen erbarme ich mich.*** *20 Und er sprach weiter: Mein Angesicht kannst du nicht sehen;
denn kein Mensch wird leben, der mich sieht. 21 Und der HERR sprach weiter: Siehe, es ist
ein Raum bei mir, da sollst du auf dem Fels stehen. 22 Wenn dann meine Herrlichkeit
vorübergeht, will ich dich in die Felskluft stellen und meine Hand über dir halten, bis ich
vorübergegangen bin. 23 Dann will ich meine Hand von dir tun und du darfst hinter mir her
sehen; aber mein Angesicht kann man nicht sehen.* (Lutherbibel 1984)

Liebe Gemeinde, wer möchte das nicht? Gottes Herrlichkeit sehen? Seine ganze Pracht und Schönheit, den hellen Lichtglanz seiner Erscheinung!
Mose steckt hier in den Anfangsschwierigkeiten einer jeden Religion, eines jeden religiösen Menschen, der es mit Gott ernst meint. Und diese Schwierigkeiten haben nicht nur Christen. Aber eben auch wir: Dass wir die Unansehnlichkeit und Unsichtbarkeit Gottes nicht aushalten wollen oder können. Irgendwie muss es doch eine Zuverlässigkeit des Glaubens geben, die sich an Gott selber fest machen lässt, an seiner Erscheinung, an seiner Offenbarung, in dem Moment, wo wir unverhüllt auf ihn schauen können.

Wir haben als Christen keinen Grund auf andere Religionen herabzusehen, und auf die Irrwege, Fanatismen und merkwürdigen Ausformungen. Denn wir als Christen haben es in der Geschichte mit unserer Kirche ja auch nicht anders erlebt. Auch die christliche Kirche hat Ketzer verbrannt, im Namen Gottes Kriege geführt, anderen Religionen ist sie zu Leibe gerückt mit dem Hammer einer angeblich absoluten Wahrheit.

Was Mose hier erlebt, was er als Sehnsucht in seinem Herzen spürt, daran muss fast jeder religiöse Mensch vorbei, oder eben hindurch. Meist geschieht es, wenn wir an Gott und seinen Wegen verzweifeln. Wenn Menschen durch eine Lebensphase gehen, die durch Depression, Verlust, Tod oder grausamen Ereignissen gekennzeichnet ist. Oftmals wird dann versucht den

Verlust am Leben damit auszugleichen, indem man Gott auf extreme Weise sucht, ihm ganz nahe sein will, seine urtümlichsten Geheimnisse und Offenbarungen enthüllen möchte, ja man möchte ihm dann selbst ganz nahe sein. Man hofft, das Leid, den Verlust am Leben wieder ausgleichen zu können durch ein „Mehr“ an Religion.

Im 1. Buch Samuel sehen wir noch eine haltlosere Form dieser Gottessuche beim ersten König in Israel, bei Saul. Als er ohne Offenbarung einen Krieg durchstehen sollte, ging er zu einer Totenbeschwörerin und lies für sich den Geist von Samuel noch einmal herausrufen aus dem Reich des Todes und der Unterwelt.

Mose war hier weitestgehend geschützt. Er richtet seine Bitte direkt an Gott. Er war mit ihm ja vertraut, wie mit einem Freunde. Von niemandem im Alten Testament kann man eine größere Nähe und Vertrautheit zu Gott aussagen, als von Mose.

Und doch war es ihm nicht tief genug, dieses Verhältnis und das Maß der Begegnung mit Gott. Erstaunlich deshalb auch, dass Gott auf seine Bitte eingeht, und ihm so viel Einblick gewährt, wie es einem Menschen nur möglich ist.

Die Suche nach dem Angesicht Gottes, nach der unverstellten Herrlichkeit kann bei Christen ganz verschiedene Formen annehmen.

Zum einen ist es die überernste und manchmal Formen des Fundamentalismus annehmende Suche und Erforschung in der Heiligen Schrift. Und man meint dann in ihr das eine, unverstellte und unfehlbare Wort gefunden zu haben. Aber man vergisst darin, dass diese fanatische Suche in der Bibel die Heilige Schrift gerade verschließt, nicht öffnet. Man vergisst, dass auch sie nur als ein Mittel der Offenbarung gegeben ist, in der wir sozusagen auch nur die Rückseite Gottes sehen. Denn die Bibel muss ausgelegt werden. Viele Worte können wir nicht eins zu eins in die heutige Zeit übertragen. Es braucht einen historisch-kritischen Umgang mit ihr, damit sie sich öffnen lässt, damit sie auch für das eigene Leben fruchtbar gemacht werden kann. Es braucht eine Auslegung, denn viele Verse erschließen sich einem erst, wenn man sie im Zusammenhang der ganzen Schrift liest und indem man nach der damaligen Zeit und dem Kontext fragt.

Die Heilige Schrift, nach emsigen Suchen, und nach einem Erwachen über ihre Form und ihren Inhalt, enthält eben auch nur „die Rückseite“ Gottes. Wir können dem Wort nachschauen, aber auch in ihr sehen wir nicht Gott von Angesicht zu Angesicht.

Wenn wir merken, dass wir in der Erforschung des Willens Gottes und seines Wortes immer auch auf die Auslegung der Theologen angewiesen sind, beginnt meist der zweite Versuch, Gott seine Geheimnisse zu entreißen.

Beeindruckt von so manchem Theologen und Pfarrer setzen wir oft mehr Hoffnung, Vertrauen und Glauben in die Amtsträger, als es Christus von uns erwartet. Wir sehen sie nicht mehr als Menschen, sondern als Werkzeuge des Übernatürlichen. Mir ging es eine Zeit lang so, dass ich von mehreren Pfarrer tief beeindruckt war. Lernte ich sie jedoch näher kennen, war ich immer von ihnen enttäuscht. Bis ich es schließlich aufgab. Setzen wir unseren Blick also auf die Amtsträger als Träger unserer Hoffnung, dann müssen wir, werden wir immer enttäuscht werden, wenn wir sie nicht auch als fehlbare Menschen begreifen. Eben weil wir auch in ihnen im günstigsten Falle Gottes Rückseite sehen können, nicht mehr.

Der nächste Rettungsanker ist dann oft die Kirche. Sie selbst wird erhöht als Heilsanstalt, als unfehlbare Institution, als von Gott eingesetzt und von ihr getragen. Aber auch hier werden wir wieder enttäuscht, wenn uns allzu schnell klar wird, wie viel menschliche Anteile an der Kirche sichtbar sind und immer wieder auch sichtbar werden.

Allerdings ist die Versuchung heutzutage in der Kirche das „Angesicht Gottes“ zu sehen sehr gering. Allzu mächtig sind die Verfehlungen dieser Institution, allzu überzeugend ihre auch menschlichen Anteile und Schwächen.

Es gibt heute vielmehr das Phänomen in der Nicht-Kirchlichkeit das Heil und eine Verlässlichkeit des Glaubens zu suchen; in Freikirchen, die sich von allem institutionellen oder allem amtlichen Dingen lossagen und so versuchen Klarheit für ihren Glauben zu finden. Auch dies ist ein Versuch, Gott anders zu sehen, als nur aus der Rückenperspektive.

Dann bleibt noch der Versuch der eigenen Heiligkeit. Habe ich Gott nicht erlebt? Ist Gott nicht in meinem Leben offenbar geworden? Sind nicht meine Gaben und Talente, auch meine Glaubenserkenntnis ein Beweis seiner Gnade? Aber auch diese scheinbaren Sicherheiten müssen dahin, wenn uns einmal nicht die Kraft zur Verfügung steht, aus dem Glauben zu handeln, wenn uns wieder einmal bewusst wird, wie wenig wir uns selber eigentlich nach den eigenen Werten des Glaubens ausgerichtet haben.

Auch hier merken wir nach einiger Zeit, dass wir Gottes Herrlichkeit nicht von Angesicht zu Angesicht zu sehen bekommen, sondern uns mit seiner Rückseite zufrieden geben müssen.

Gott offenbart sich nur in der Verborgenheit und Umhüllung. Sonst wäre er nicht Gott. Sonst könnten wir seine Präsenz nicht aushalten. Und allein der Versuch der Auslegung seines Wortes, allein das Bemühen mit dem eigenen Verstand Gottes Gedanken nachzudenken, allein die Annahme und Akzeptanz, dass sich Gott eben nicht anders erblicken lässt als von seiner Rückseite, allein dieser Versuch belässt die Religion bei einem menschlichen und menschenwürdigen Maß. Allein Gott hält dabei schützend seine Hand über uns, sodass wir eben nur das Maß seiner Herrlichkeit erblicken, dass er uns zumuten kann. Aber genau diese Hand des Schutzes ist die Hand seiner Gnade, mit der er über uns wacht: denn „ihr habt Gnade gefunden in meinen Augen."Amen."

Evangelisch-methodistische Kirche Baden (Schweiz)

II. Evangeliumspredigten

Glücklich! (5.)

Predigt über die Seligpreisungen Jesu (Mt 5, 1- 11)

Evangelisch-methodistische Kirche Niederuzwil (Schweiz)

5 1 Als er aber das Volk sah, ging er auf einen Berg und setzte sich; und seine Jünger traten
zu ihm. 2 Und er tat seinen Mund auf, lehrte sie und sprach:

3 ***Selig sind, die da geistlich arm sind; denn ihrer ist das Himmelreich.***

4 ***Selig sind, die da Leid tragen; denn sie sollen getröstet werden.***

5 ***Selig sind die Sanftmütigen; denn sie werden das Erdreich besitzen.***

6 ***Selig sind, die da hungert und dürstet nach der Gerechtigkeit; denn sie sollen satt werden.***

7 ***Selig sind die Barmherzigen; denn sie werden Barmherzigkeit erlangen.***

8 ***Selig sind, die reinen Herzens sind; denn sie werden Gott schauen.***

9 ***Selig sind die Friedfertigen; denn sie werden Gottes Kinder heißen.***

10 ***Selig sind, die um der Gerechtigkeit willen verfolgt werden; denn ihrer ist das Himmelreich.***

11 *Selig seid ihr, wenn euch die Menschen um meinetwillen schmähen und verfolgen und reden allerlei Übles gegen euch, wenn sie damit lügen.* (Lutherübersetzung 1984)

Glücklich! Wenn Sie jemand fragen würde: Sind Sie glücklich? Was würden Sie antworten? Ja, ich habe Arbeit, genug Geld zum Leben, Freunde, eine schöne Wohnung, einen Lebenspartner, nein, vielleicht Kinder, vielleicht sogar Enkelkinder. Ja, ich bin eigentlich glücklich.

Jemand anders würde antworten: Nein, ich bin arbeitslos. Ich suche nach einer sinnvollen Beschäftigung. Ich suche einen Lebenspartner, eine Lebenspartnerin. Das, wonach ich strebe, was ich mir wünsche im Leben, das habe ich noch nicht erreicht.

Glücklich! Unglücklich! Gibt es nur das eine, oder das andere. Gibt es auch ein glückliches Unglücklichsein, oder ein unglückliches Glück? Glück und Unglück gehören manchmal enger zusammen, als wir es denken.

Ein Mann hatte seine Arbeit verloren, aber nach einer Weile entdeckt er, dass seine Arbeitslosigkeit und die daraufhin folgende Suche, sein neuer Weg, ihn erst in die richtige Richtung führte, in der er sein Glück fand.

Oft hören wir die Redewendung vom „Sein am richtigen Ort zur richtigen Zeit". Unser Glück scheint davon abhängig zu sein, dass wir zur rechten Stunde die richtige Sache tun, am richtigen Ort sind, die Stunde nutzen, eine Chance ergreifen.

Aber Augustinus, einer der Kirchenväter der römischen Kirche, erzählte einmal, wie er sich mit seinem Freunde verlaufen hatte. Sie hatten die richtige Weggabelung verpasst und waren nur auf einem großen Umweg an ihr Ziel gelangt. Doch auf dem richtigen Weg hatten sich schon Räuber bereit gehalten, die sie überfallen wollten. Und dann hatten sie eben den Überfall verpasst, weil sie eigentlich einen „falschen" Weg eingeschlagen hatten. Ein Irrtum, ein Umweg, ein Misserfolg kann wohlmöglich ein großes Glück sein. Und ein Erfolg gerade manchmal das Gegenteil.

Wir konzentrieren uns oft so sehr auf unsere vermeintlichen guten Taten oder Werke, auf unsere Erfolge, dass uns dabei aus dem Blick gerät, was Gott eigentlich aus dem machen möchte, was wir als Erfolg oder Misserfolg betrachten. Hängt das Glück nicht vielmehr an Gott, als an unserem eigenen Bestreben, glücklich zu sein? Ist jeder wirklich seines Glückes Schmied oder ist es nicht vielmehr so, dass Gott der Schmied des Glücks ist und wir in ihm das Glück erfahren?

In den Seligpreisungen preist Jesus Menschen glücklich, die durchweg unglücklich und beladen sind: Traurig, arm im Geist, verfolgt und geschmäht. Es sind wirklich die Unglücklichen, die Jesus glücklich preist. Ihnen verheißt er Seligkeit, ihnen spricht er Glück zu, ja schenkt er Glück. Jesus zeigt hier seine Macht aus unseren vermeintlichen Unglücken eine Erfolgsstory des Glücks und der Seligkeit zu machen.

Zwei Perspektiven sind hier wichtig, um die Seligpreisungen, die Worte Jesu, zu verstehen. Die eine wird eingeleitet durch die erste Seligpreisung, die besonders wichtig ist, von dem Wort über die „Armen im Geist". Im Neuen Testament ist dieser Satz in seinem Wortlaut fast einzigartig. Die andere Perspektive, die in allen Seligpreisungen enthalten ist, ist die Anschauung vom Kommen des Reiches Gottes. Ohne sie ist es nicht möglich zu verstehen, was Jesus hier meint.

Zuerst zu dem Wort über die „Armen im Geist“: Man kann auch sagen, es sind die „Demütigen“, Menschen, die sich bewusst sind, dass sie aus sich selbst heraus, in sich selbst, und von sich selbst her lebend nichts sind, nichts haben, nichts vollbringen können. Nach meiner Meinung ist der Prototyp dieses Menschen immer noch der „Geistliche“, denn er ist eigentlich der „geistlich arme“. Ohne Gott vermag er nichts. Er vermag noch nicht einmal eine Predigt zu schreiben, ohne Gott. So mancher Prediger wälzt sich denn wohl auch noch Samstagabend auf seinem Sofa hin und her, und ruft: Oh, Gott, mir fällt mal wieder überhaupt nichts ein! Was soll das überhaupt, dass du mich zum Predigen berufen hast. Ich kann nicht! Schreib doch bitte deine Predigt selbst! Wozu hast Du mich überhaupt berufen?

Nichts aus sich selbst heraus zu können und dann alles von Gott zu erwarten, d.h. „arm sein im Geist“. Das Leben ist und bleibt Geschenk, dass wir uns selber nicht schenken können. Von Gnade zu leben bedeutet eigentlich nicht zu wissen, wie wir leben sollen und können, weil alles in der Macht Gottes steht und wir auf sein Handeln angewiesen sind. Darauf angewiesen, dass Gott uns selbst in die rechte Beziehung zu sich bringt, dass er uns Kraft gibt, dass er uns den Weg weist, ein Ziel gibt, einen Ausweg schafft. Nur wer alles von Gott erwartet, kann und wird auch alles von Gott empfangen. Deshalb sind die „geistig armen“ von Jesus selig, glücklich zu preisen. Erst wenn wir leer sind und alles losgelassen haben, mit dem wir uns selbst das Leben zurechtlegen, können wir es ganz aus der Hand Gottes empfangen.

So lehrt uns auch das Beispiel vom Prediger, der an seiner Aufgabe, Gottes Wort zu predigen, schier verzweifelt, dass er es im rechten Augenblick doch geschenkt bekommt. In die Leere und Stille einer geistlichen Armut hinein kann Gott sprechen. Hier fängt das Staunen über Gottes wundersames Reden an. Hätten wir nur Ohren, ihn zu hören! Die theologische Bildung hilft da nicht! Auch nicht die akademischen Grade oder irgendwelche anderen menschlichen Qualifikationen. Es muss von Gott empfangen werden, von Gottes Macht geboren sein, die aber kann selbst aus den „Steinen Kinder Abrahams“ erwecken. Warum also nicht auch aus uns?

Das “stille-werden“ oder das „arm werden im Geist“ ist die menschliche Seite, das Glück zu empfangen, das Jesus uns schenken will.

Eine andere Vorstellung ist das Kommen des Reiches Gottes, das in vielen Schriften des Neuen Testaments als Hintergrund immer mitgedacht werden muss. Einige Schriften im Neuen Testament betonen mehr das Handeln Gottes im Heiligen Geist.

Bei Matthäus, aber auch bei Markus, herrscht der Gedanke vor, dass Gott auf dem Weg zu den Menschen ist, d.h. dass Gott sein Reich aufrichtet. Der biblische Gott ist kein weltabgewandter Gott, der irgendwo auf Wolke Nr. 17 thront, und von oben mal herabschaut, wie es denn den Menschenkindern so geht. Er ist ein handelnder Gott, ein Gott, der in dieser Welt und unter den Menschen Gemeinschaft mit ihnen sucht. Darin haben die Geschichten von Jesus, der bei Zöllnern, bei Sündern, Kranken und Armen einkehrt ist, ihren Sinn.

Das wundersame aber ist an all diesen Geschichten, dass dieser Gott, der in Jesus Christus für uns Menschen Gestalt angenommen hat und fassbar geworden ist, viele von den von Menschen gesetzten Ordnungen für eine komplette Unordnung hält. Dass Menschen um der Gerechtigkeit willen leiden und verfolgt werden, dass Kranken nicht geholfen wird, dass Menschen hart arbeiten und nicht von ihrer Hände Arbeit leben können, dass Menschen immer noch von anderen sortiert werden nach ihrer Hautfarbe, Sprache, Religion, Abstammung und Geschlecht. Das alles hält dieser Gott für eine komplette Unordnung, dem er sein Handeln entgegenhält.

Dieser immer noch herrschenden Unordnung stellt er die Aufrichtung einer neuen Ordnung entgegen: Und dies können wir Reich Gottes nennen, das kommt. Es wird unabänderlich kommen, trotz aller Bemühungen von Menschen den Lauf der Geschichte doch noch irgendwie aufhalten zu wollen. Trotz aller menschlichen Bosheit, Gemeinschaft und trotz allen Versagens. Es bleibt dabei: Gottes Reich kommt. Und mit dem Kommen des Reiches Gottes kommt Gott selbst zu uns.

Jesus sagt denen, die trauern, Trost voraus; denen die barmherzig sind, kündigt er Barmherzigkeit an; denen, die Frieden schaffen, sie werden Söhne und Töchter Gottes genannt. Er kündigt dies alles für die Zukunft an, aber es ist kein Vertröstetwerden auf ein Jenseits. Die Seligkeit ruft er schon jetzt über diese Menschen aus, schon jetzt sind sie Gesegnete und glücklich zu nennen. Jesus schenkt Glück, d.h. er schenkt sich selbst.

Deshalb können diese Menschen, trotz ihrer schwierigen Situation, glücklich genannt werden. In allem Unglück sind sie glücklich. In allen Anfechtungen getröstet. Schon jetzt können wir sicher sein, dass Jesus uns niemals fallen lassen wird. Dass er, der für uns Freude und Glück ist, es in alle Ewigkeit auch sein und bleiben wird.

Aus diesem Glück heraus können wir leben und die nächsten Schritte in eine Zukunft wagen, die wir im Kommen des Reiches Gottes erwarten dürfen. Trauen wir das Jesus zu, dass er aus unseren zaghaften Versuchen ihm zu folgen, ein Licht in diese Welt bringen wird. Dass er aus unserem Scheitern, ein Gelingen macht, aus unserer Verzweiflung neue Hoffnung erblühen lassen will und inmitten unserer Ausweglosigkeiten einen neuen Weg für uns bahnt. Amen.

Gebet: Herr Jesus, wir danken dir, dass du in den Worten der Seligpreisungen uns erneut ans Licht rufst. Dass dein Wort das schafft, wozu es gesandt ist und dass deine Liebe unsere Herzen und Sinne erneuert hin zu deinem Reich.

Gib, dass wir durch die Kraft deiner Seligkeit den neuen Weg sehen und zu gehen wagen, den du für uns bereitest. Gib, dass wir anderen einen neuen Weg aufzeigen können zu dir, der du Mittel und Wege hast, wo wir ohnmächtig sind.

Dass du uns selig nennst, auch wenn wir zagen und nach neuer geistlicher Nahrung uns sehnen, dass macht uns Mut dich immer wieder anzurufen, alles von dir zu erwarten und dir zu trauen, dass du wenden kannst, was uns jetzt noch unmöglich erscheint. Wir glauben ja an Dich, Herr Jesus. Sei du uns nahe in allen Zeiten, auch wenn wir dich nicht sehen und spüren.

Amen.

Evangelische Kirche in Niederuzwil (Schweiz).

Schaut die Lilien auf dem Felde (6.)

Predigt zu Matthäus 6, 26-29 am 16. Sonntag nach Trinitatis
in der Japanischsprachigen Gemeinde zu Berlin
zum Gedächtnis von Leben und Werk von Prof. TAKENAKA Masao (1925 – 2006)
(Im Japanischen schreibt man die Familiennamen voran.)

6 26 Seht die Vögel unter dem Himmel an: sie säen nicht, sie ernten nicht, sie sammeln nicht
in die Scheunen; und euer himmlischer Vater ernährt sie doch. Seid ihr denn nicht viel mehr
als sie? 27 Wer ist unter euch, der seines Lebens Länge eine Spanne zusetzen könnte, wie sehr
er sich auch darum sorgt?

28 Und warum sorgt ihr euch um die Kleidung? Schaut die Lilien auf dem Feld an, wie sie
wachsen: sie arbeiten nicht, auch spinnen sie nicht. 29 Ich sage euch, dass auch Salomo in
aller seiner Herrlichkeit nicht gekleidet gewesen ist wie eine von ihnen. (Lutherbibel 1984)

Liebe Gemeinde, am 17. August diesen Jahres ist ein bedeutender Theologe Japans gestorben. Er war über 40 Jahre lang Professor für christliche Ethik und Religionssoziologie an der Doshisha Universität in Kyoto und hat sich sein ganzes Leben lang für die Kirche und Theologie in Japan eingesetzt. Sein Name ist TAKENAKA Masao. Er war ein guter Freund und Kollege des berühmten christlich-japanischen Künstlers WATANABE Sadao und hat mit ihm zusammen ein bemerkenswertes Buch zu biblischen Motiven herausgebracht, genannt „Biblical Prints“, biblische Drucke[1]. In diesem Frühjahr strahlte das Japanische Fernsehen eine Interview-Sendung zum Werk von WATANABE Sadao zum wiederholten Male aus. Es zeigte eine einstündige Unterhaltung zwischen WATANABE Sadao und TAKENAKA Masao zu den biblischen Motiven, die in den Werken WATANABEs verarbeitet wurden.

TAKENAKAs Frau Yuriko, die am Sterbebett ihres Mannes wachte, schrieb zu seinem Tod: *„Ich fühlte, dass ein hell scheinender Stern hinter den wunderschönen nördlichen Bergen Kyotos unterging. Dieser Stern, während er im Himmel war, hatte so oft helle Lichter geworfen auf mich und auf so viele andere.“*[2]

TAKENAKA Masao war Buchautor zahlreicher theologischer Werke zu ethischen, sozialen und missionstheologischen Themen, aber vor allem Herausgeber von Sammelwerken

[1] TAKENAKA Masao u. WATANABE Sadao (Hg.), Biblical Prints, Tokyo 1985.
[2] Aus einem persönlichen Brief von TAKENAKA Yuriko an mich vom 31. August 2006. Privater Besitz.

christlich-asiatischer Kunstbände. Viele christlich-asiatische Künstler leben ein stilles, oft auch einsames und finanziell bescheidenes Leben. Nicht selten leben sie in Armut. Darin sind sie vielen Pfarrern in Asien gleich. Denn die Zahl der Christen ist in den meisten asiatischen Ländern bekanntermaßen nicht sehr hoch.

TAKENAKA Masao erklärt eines seiner Sammelbände bei einem „Sakura-meal".

Als ich in diesem Frühjahr in Kyoto wohnte, fiel mir erneut ein Buch von christlich-japanischen Ikebana-Meditationen in die Hände, herausgegeben von TAKENAKA Masao. Diesmal war es die original japanische Ausgabe. Im Englischen hatte ich das Buch schon erworben. Hier lautete der Titel **„Consider the Flowers"**[3]. Auf Japanisch heißt es **„hana no inori"**, zu Deutsch: „Das Gebet der Blumen". Der englische Titel ist eindeutig der Bergpredigt entnommen, und wird in der japanischen Version folgendermaßen wiederholt:

„Warum schaut ihr nicht einmal auf die Lilien des Feldes, wie sie wachsen. Sie arbeiten nicht, auch spinnen sie nicht."

Und dann folgt der Vergleich mit dem König Salomo. Auch er hätte nicht prächtigere Kleider gehabt, wie eine von ihnen. So sorgt sich Gott um die Lilien des Feldes. Vielmehr sorgt er aber für euch.

---

[3] TAKENAKA Masao (Hg.), Consider the Flowers, Tokyo 1990.

Ikebanagesteck (Migiwa-Kirche, Kyoto, Japan)

Noch nie war mir das Betrachten von Blumen so eindrücklich vor Augen geführt worden, wie bei meiner letzten Japanreise. Im Februar traf ich Prof. TAKENAKA Masao und wir besuchten einen der bedeutensten Tempel in Kyoto, den Kitano-Tenmangu. Als wir durch die Tempelanlage gingen und uns unterhielten, konnten wir schon Besucher der Tempelanlage dabei beobachten, wie sie darauf warteten, dass die Pflaumenknospen aufgingen. Hier und dort trafen wir auf Besucher des Tempels mit einer Kamera auf einem Stativ. Das Aufblühen der Knospe sollte aus nächster Nähe fotografiert werden. So wie jener Mann mit seiner Kamera warten auch heute viele Menschen auf ein Zeichen einer kommenden Hoffnung. Aber das Reich Gottes ist ja schon angebrochen, wie auch die Blüte schon zu sehen war. Es war schon zu sehen, dass sie aufgehen würde.

Heute denke ich erneut an die Ermutigung Jesu, die Blumen zu betrachten. Warum möchte Jesus, dass wir uns die Blumen näher anschauen? Betrachten wir nicht ganz von selbst eine Blume, die uns mit ihrer Schönheit und Grazie bezaubert? Wir tun das doch ganz von allein. Und auch Nicht-Christen lassen sich vom Duft und von der Schönheit der Blumen verzaubern.

In Kyoto verzaubert die Blütenpracht zur Zeit der Kirschblüte die Menschen jährlich unwiderstehlich. Ich hatte dies noch nie so erlebt. Es war wie ein Rausch der Sinne. Ganze Straßenzüge wurden durch das helle Weiß der Sakura-Blüte verwandelt und verzaubert. Am **„tetsugaku no michi“** (dtsch. „Weg der Philosophie“) war ein solcher Andrang von Menschen, wie ich ihn sonst nur in der Tokyoter S-Bahn erlebt hatte. An der Ostseite von Kyoto, z.B. am Kiyumizudera und auch in der Umgebung des Heian-Schreines hatten die Kirschblüten ganze Scharen von Menschen angezogen.

Kirschblüten am " tetsugaku no michi" (Weg der Philosophie) in Kyoto

Kyoto zur Zeit der Kirschblüte (jap. Sakura)

Wie kann nur eine so kleine Blüte Menschen in ihren Bann ziehen? Auch ich selbst konnte der Blütenpracht nicht widerstehen und nutzte die Zeit zu ausgedehnten Spaziergänge durch Kyoto. Es war eine schöne, eine gleichnishafte Zeit.

Ich denke, dass die Blütenpracht als Zeichen Gottes und seiner Liebe verstanden werden kann. Es scheint, dass Gott Japan in den Zauber seiner Transzendenz einhüllen wollte, und wir verstehen sollten, wie sehr Gott diese Welt und die Menschen liebt. Ich denke an Joh 3,16: *„Also hat Gott die Welt geliebt...."*

Das Abblühen und Fallen der Sakura-Blüte ist als gleichnishaftes Ereignis in der Geschichte Japans auch missbraucht worden. Im II. Weltkrieg hat man eine Staffel der Kamikaze-Flieger „Sakura" genannt. Damit wollte man die sich in den Tod werfenden, fallenden Kamikaze-Flieger ehren. Dieser Vergleich hat zur Verherrlichung der Sturzkampfflieger beigetragen. Eine fatale Bezeichnung. Nach Gottes Willen soll es aber kein Menschenopfer mehr geben. Jesus, so sagte einmal eine Theologin, war das letzte Menschenopfer, das alle anderen Menschenopfer überflüssig macht. *„Also hat Gott die Welt geliebt, dass er seinen eingeborenen Sohn gab, damit alle, die an ihn glauben, nicht verloren gehen, sondern das ewige Leben haben."* (Joh 3,16) Christus der sein Leben für uns gegeben hat, übersteigt aber bei weitem die Schönheit auch der Sakura-Blüte.

Und doch will Jesus nicht, dass wir dieser Welt entfliehen: *„Warum schaut ihr nicht einmal auf die Blumen?"* Wenn Jesus Blumen in einer gleichnishaften Weise gebraucht, befindet er sich in guter, alttestamentlichen Tradition. Schon bei Jesaja, im Alten Testament, heißt es: *„Das Gras verdorrt, die Blume verwelkt, aber das Wort unseres Gottes bleibt ewiglich."*

(Jes 40,8)

Jesus will uns an die Vorsorge und Fürsorge Gottes erinnern. Gott liebt euch. Er kümmert sich um euch, mehr als ihr denkt. Er hat euch geschaffen, er ist der Schöpfer eures Leibes. Er wird auch dafür sorgen, dass euer Leib bekleidet wird. So wie er die Blumen einkleidet, ja noch schöner, so kümmert er sich auch um euch, wie ein fürsorglicher Vater, eine liebevolle Mutter. Also sollt ihr auch bekleidet werden. Die sorgenvollen Gedanken sind unnütz. In der Gegenwart, in der Zukunft wird Gott für euch da sein und euch versorgen. Dieser Vers ermahnt uns auch ganz in der Gegenwart des heutigen Tages zu leben, denn kein Mensch hat die Macht über sein Leben. Und wären wir morgen nicht mehr in dieser Welt, was hätte es dann für einen Sinn gehabt, wenn wir uns heute über das morgen Sorgen machen würden? Das Sorgenmachen trennt uns von dem Gott, der für uns sorgt.

In der Bibel gibt es noch einen anderen Vers, der von der Fürsorge Gottes spricht. Er ist zu einem Kirchenlied vertont worden. Dort heißt es: *„Aller Augen warten auf dich Herr, und du gibst ihnen ihre Speise zu rechten Zeit, du tust deine Hand auf und sättigst alles, was da lebt nach deinem Wohlgefallen."* (nach Psalm 145, 15-16)

Aber stimmt denn das, was der Psalmbeter hier sagt? Ja, alle Augen warten auf Speise, Vögel, Tiere und Menschen. Doch während wir täglich gesättigt zu Bett gehen, während wir zu essen haben, sterben da nicht viele Menschen in unserer Welt an Hunger? Ja, der größere Teil der Menschheit ist nicht so versorgt mit Nahrung und dem täglichen Brot oder Reis, wie es sein sollte. Gott hat zwar die Schöpfung so eingerichtet, dass alle zu essen hätten, und hält auch Nahrung für alle bereit, doch wir Menschen haben es noch nicht geschafft, Gottes Reichtum in gerechter Weise zu verteilen. Die Menschheit ist geteilt in Übersättigte und Verhungernde, in Menschen, die mehr haben, als sie zum Leben brauchen, und deren Überfluss sie an Depressionen leiden lässt und in Menschen, die nicht wissen, womit sie ihre Kinder am nächsten Tag versorgen sollen.

Die Schöpfung und mit ihr die Menschheit liegen in Not und Schmerzen vor Gott. Viele Menschen in der westlichen Welt fürchten weitere terroristische Anschläge. Auch wir in Europa könnten Opfer werden von sinnloser Gewalt. Wir hören immer wieder Nachrichten von Selbstmordanschlägen im Irak und Afghanistan und fürchten, der Terror könnte auch zu uns kommen. Aber der Terror des Hungers, der Terror von Unterernährung, von Armut, von Aids und chronisch medizinischer Unterversorgung lässt die Welt schon jetzt nicht zur Ruhe kommen und er entlässt *uns* nicht aus der Verantwortung.

Die Welt liegt in Kindesnöten, im Schmerz einer bald kommenden, anbrechenden neuen Welt, einer neuen Geburt. Paulus sagt: *„Auch die Kreatur wird frei werden von der Knechtschaft des vergänglichen Wesens zu der herrlichen Freiheit der Kinder Gottes. Denn wir wissen, dass alle Kreatur sehnet sich mit uns und ängstigt sich noch immerdar. Nicht allein aber sie, sondern auch wir selbst, die wir haben des Geistes Erstlingsgabe, sehnen uns auch bei uns selbst nach der Kindschaft und warten auf unseres Leibes Erlösung."* (Röm 8,21ff)

Hiroshima-Dome

Auch die Natur, und mit und in ihr die Schöpfung, scheint zu altern. Sie ist der Vergänglichkeit unterworfen. Der Blick auf die Blumen lässt uns auf die Natur als Ganzes schauen und dieser Blick lässt eine romantische Sichtweise nicht zu. Nachweislich hat sich das Klima in den letzten Jahren auf unserem Planeten verändert und es wird sich vermutlich weiter verändern. Die Temperaturen werden auch in den nächsten Jahren um weitere Grad steigen, so berichten die Forscher. Besonders für Japan, aber auch für andere Teile der Welt, bedeutet dies eine fast unerträgliche Hitze im Sommer.

Auch die Kreatur sehnt sich nach einer neuen Offenbarung. Die Bilder der Ikebanakünstler, aus dem von TAKENAKA Masao herausgegebenen Meditationsband der Blumengebete, „hana no inori", beschreiben nicht nur die Natur, sondern ein Teil der Natur, eben die dort verarbeiteten Blumengestecke, erzählen die biblische Geschichte. Es sind Blumengestecke für den Altar. Als Kunstwerke haben sie einen liturgischen Rahmen. Sie erzählen von der Schöpfung der Welt, vom Kreuz, von der Passion und der Auferstehung, sie stellen auch das Kommen des Heiligen Geistes dar. Sie zeugen von der Unerlöstheit von Welt und Mensch, von der Sehnsucht der Schöpfung im Gebet der Blumen. Und vom Evangelium, von der frohmachenden Botschaft für alle Menschen. Sie strecken sich aus nach Gott im Gebet, und in ihrem Gebet und in ihrer Kunst transzendieren sie sich selbst und lassen etwas von der Gegenwart Gottes erkennen. Sie verleugnen die Gebrochenheit der Schöpfung nicht, und weisen doch auf die Geduld, die Güte und Fürsorge Gottes hin.

„Warum werft ihr nicht einmal einen Blick auf die Lilien?", fragt uns Jesus. Und wenn wir das tun, dann brauchen wir dabei unsere Sehnsucht nach Heilung, nach göttlicher Fürsorge nicht zu verbergen. Jesus richtet seine Worte in der Bergpredigt gerade an jene, die geistlich arm sind, an jene, die Leid tragen, an die Sanftmütigen, die Friedfertigen, an jene, die hungern und dürsten nach Gerechtigkeit. (Matth53,ff) An alle, für die diese Welt und ihre Geschichte ein Rätsel ist. Und gerade sie sollen satt werden.

So sollen wir von den Blumen lernen. Sie verdanken ihre Schönheit, ja ihre ganze Existenz nicht sich selbst. Sie kleiden sich nicht selbst, sondern sie sind das Werk Gottes des Schöpfers. Mit ihrem schönen Kleid, schöner als alle Kleider Salomos, loben und preisen sie Gott. Sie können nicht anders. Sie erfreuen andere in ihrer einfachen, ganz vom Schöpfer abhängigen Lebensweise. Gott kümmert sich um ihre Schönheit und um ihre Nahrung. Was sie heute und was sie morgen zum Leben brauchen, schenkt ihnen Gott.

Zum Wesen jener Ikebana-Blumen gehört es, dass sie andere erfreuen, dass sie für die Mutlosen ein Licht sind. Dass sie in einem Raum stehen und diesen ganz mit ihrer Ästhetik beeinflussen. Prof. TAKENAKA Masao hat sein Leben als solch ein Mut machendes Licht, von Gott entzündet, gelebt - für Japan, für die Kirche in Japan und für Christen und Nicht-Christen in ganz Asien. Denen, die am Rande der Gesellschaft lebten, denen, die wirtschaftlich benachteiligt waren, sollte ein Licht aufgehen. Gerade ihnen sollte die Botschaft von Christus zu Teil werden, der ein Licht ist für alle Menschen, die Unrecht leiden. Ihnen sollte eine Blume überreicht werden, ein Wohlgeruch des Evangeliums, um die Sinne neu zu erwecken.

Jesus nutzt die Blumen als Gleichnis für ein Leben im Glauben. Wenn Jesus uns umlenkt, um auf die Blumen zu schauen, will er, dass wir verstehen, was wahrer Glaube ist. Ein Leben aus Gottes Güte, aus dem Beschenkt-werden, das sich selbst wiederum an andere verschenkt. Amen

TAKENAKA Masao im April 2006 am " tetsugaku no michi" (dtsch „Weg der Philosophie") in Kyoto

Living out Christ's Love (7.)

Sermon on Luke 10: 25-37, preached at the American Church in Berlin (ACB)

"Just then a lawyer stood up to test Jesus. "Teacher," he said, "what must I do to inherit eternal life?" He said to him, "What is written in the law? What do you read there?" He answered, "You shall love the Lord your God with all your heart, and with all your soul, and with all your strength, and with all your mind; and your neighbour as yourself." And he said to him, "You have given the right answer; do this, and you will live."

But wanting to justify himself, he asked Jesus, "And who is my neighbour?" Jesus replied, "A man was going down from Jerusalem to Jericho, and fell into the hands of robbers, who stripped him, beat him, and went away, leaving him half dead. Now by chance a priest was going down that road; and when he saw him, he passed by on the other side. So likewise a Levite, when he came to the place and saw him, passed by on the side. But a Samaritan while travelling came near him; and when he saw him, he was moved with pity. He went to him and bandaged his wounds, having poured oil and wine on them. The he put him on his own animal, brought to an inn, and took care of him. The next day he took out two denarii, gave them to the innkeeper, and said, 'Take care of him; and when I come back, I will repay you whatever more you spend.' Which of these three, do you think, was a neighbour to the man who fell into the hands of the robbers?" He said, "The one who showed him mercy." Jesus said to him, "Go and do likewise." (New Revised Standard Version 1989)

Dear congregation, today I want to give up the task of preaching and turn it over to somebody else. Today I want to have the life and the thought of a man preach to you. The man's name is Toyohiko Kagawa. He is Japanese. He was a faithful witness of the Gospel, a Christian role model for many during his lifetime and for countless people after his death. Still today he is very much admired in Japan and his life and deeds, his words and books are shed nationwide.

He was an evangelist, like Billy Graham, a social reformer, like Martin Luther King, an advocate for the power of non-violence, like Jesus himself. But for the most of his life time he was a living sermon on the story of the good Samaritan.

I would like to make some remarks, before getting into details, because listening to lifetime-stories is sometimes not easy. It can either end up in turning down the man or turning down ourselves. It can result into turning ourselves down, because we may think that none of us could ever reach such a wonderful example of Christian love. If that should be the case, dear sisters and brothers, be aware of the fact that we are saved by faith alone, not by works. But God will enable us to do the good work that he wants us to do.

Turning down the man could ever happen, because telling those stories about men like Toyohiko Kagawa, Martin Luther King or John Wesley, can ever end up by pointing to some negative sides of their character. And with this dark side of that person, we take him/her from our list of Christian role models, maybe as Christians at all.

The same is true if we look at Kagawa a little closer, if you will. The word from Paul that "*all have sinned and fall short of the glory of God*" (Rom 3,23) can also be applied to Kagawa or even Paul himself. Thank God that he gave all leaders of the church some kind of lack in character, so that we don't put our faith in them, but in Christ alone. But alas, studying the life-story of Christians can fill us with courage and hope, seeing somebody experiencing the same struggles that we know, carrying the cross and under the cross enjoying fellowship with the living Christ.

I choose Kagawa, a Japanese minister, to portray him to you, because it will help us again to understand that the spirit of Christ is not bond to nations and cultures of a certain kind and that the Spirit of God is stronger than the bonds of nationality, ethnic origin and even family. As Christians from the northern part of the globe, we identify our countries as Christian nations, but by the turn of the year 2000 the numbers of Christians in the southern parts of our earth are outnumbering the statistics of Christians in the north. We cannot say any longer that the Christian faith is European or American.

We might rather say it comes from Asia, because the country, where Jesus was born is located in the near east, der Nahe Osten, even the area west of Jerusalem and Damaskus, the land which is called turkey today, is named "Kleinasien" on my Bible map, little Asia. And if you take a closer look at the customs and life-style of people described especially in the Old Testament, you will see a lot of things which resemble to Asian culture, if you are familiar to it. God said to Moses: "Take of your shoes. The land on which you stand is holy ground." Who knows best from daily life customs, what it means to take off your shoes? People from Asia.

Toyohiko Kagawa was born in 1888 in Kobe, Japan. His father was a former "Samurai" and businessman, his mother a "Geisha". Both of his parents died before he was entering school.

He was raised by an uncle. At his middle-school time he got befriended with two American missionaries: Dr. Harry Myers and Charles A. Logan. Toyohiko wanted to work on his English language skills and joined a Bible class in English. Taking this class he decided, he wanted to be a Christian. After his conversion to Christianity, Toyohiko was not considered the son of his family any longer. He got disinherited by his family.

Kagawa was mentally strong, but physically weak. After he entered a Presbyterian seminary, he got ill and spend four months in a hospital and nine month in a hut trying to recover. He encountered death and had some mystical experiences. He read the life-stories of John Wesley, George Fox and other Christian leaders and got encouraged. For his lifetime glaucoma and tuberculosis threatened his activity.

A story is told, that when Toyohiko was sitting in a seminary, in a class of dogmatics, the professor was lecturing over paragraph and paragraph of the Christian doctrine, Kagawa became nervous and frustrated. He protested: Christianity is not words, but action. He had in mind the story of the good Samaritan, went out of the class-room and decided to move into the slums of Shinkawa in Kobe.

Shinkawa was one of the worst slums in Japan. Many people were living there under incredible living conditions. Kagawa was renting a house for two yen a month. Incredibly inexpensive. The house had been vacant for many years, because a worker was living there and had been killed. The Ghost of the man, the people believed, was still haunting the house. Kagawa moved in and made it his home. His apartment was six feet wide and nine feet long, and another room six feet square. (In German meter: the one room was 1,80; the other 4,85 square meter)

Kagawa made his bed in the corner were the man had been killed. He wrote in one of his books: “To my appointment the ghost didn’t come. I was a hero because I lived in a house that was haunted by a ghost. People said, I was courageous and that I would have some supernatural power.”

There were over 11.000 people living in Shinkawa, all sorts of people: day laborers, factory workers, garbage collectors, cargo carriers, fortune-tellers, gamblers, beggars, thieves, drunks, murderers and prostitutes.

Another day a man come to his flat saying: I am out of employment so please let me stay with you. His nickname was Mr. Statue, because he had nothing to do than standing on the street.

Kagawa shared his room with that man and got his skin disease. The next day another man came who had beaten someone to death. He had been released from jail, but he was suffering under a mental disease. Every night he dreamt there was a ghost.

A third man suffering from syphilis was asking for shelter in the flat of Kagawa. Toyohiko was living by that time from a small stipend, eleven yen, from the Presbyterian seminary. That was 5,50 dollars a month. It was impossible to feed four people with this amount, so he started cleaning chimneys and they lived on two meals a day. Kagawa writes, if you have never been hungry, you cannot understand the Lords prayer: " Give us our daily bread."

Once a begar came to him and ask for his shirt. Kagawa gave it to him. Then he ask for his trousers. Toyohiko ended up in walking around with a kimono, which he got from a prostitute. People were calling him a fool. He said: I was a fool for Christ.

One of the worst practises in Shinkawa was the deal with babies. During the first year Kagawa buried fourteen babies. There was a widespread practise in Shinkawa, of adapting infants for money, and slowly starving them to death. Many families made a business of adapting unwanted babies, and through starvation and mistreatment sent them to an early death. Kagawa once took care of a baby abandoned on the street and expressed his feelings in the following poem:

When tears are mingled
Dawn coming in through the greyness

Lights up the place where she lies:

I am sodden with sleep, but I waken.

At my starveling's fretful cries.

She is here on the floor beside me

Wrapped in

I change them;

I hold her to feed her

And sob as she struggles to drink.

Three days have I now been a woman,

With a mother's heart in my breast;

rags that stink;

Do I doze but an hour

Then she whimpers,

And I spring to soothe her to rest.

Thin little dirty baby,

Wailing with pain all the whole,

But I taste the bliss that no life should miss

When I look in her eyes and smile!

Ah, she is ill,

Little Ishi,

Life has a abused her so;

Safe from the fiend who meant to kill,

Fever has laid her low.[4]

We may think that this is unreal, that people cannot be so cruel. But we hear day by day of children and teenagers, getting abused by their parents, relatives and friends in school, or of parents to weak to be able to care about their children, here in our city of Berlin.

After several years of living in the slums, Toyohiko Kagawas thoughts resulted in the idea that it is not enough to help people in Shinkawa by social work only. He went to the US to study about technics of socialwork to help the pour. He helped to found workers- and farmer unions. The publication of his books helped him to finance the social-work in Shinkawa. About 130 books are being published by Kagawa, some of them are novels. He was actively involved in trying to prevent the war between Japan and the US. After returning to Japan from a visit in the US he was jailed several times, because of his many friends in America, he was suspicious to the Japanese government. On the morning of 1946, at the Imperial Palace in Tokyo, he said to Emperor Hirohito: "Whosoever will be great among you….shall be the servant of all. A ruler's sovereignty, Your Majesty, is in the hearts of the people. Only by service to others can a man, or nation, be godlike." Kagawa had been offered several positions by the US for government like positions in Japan. He denied all of them, but went through the

[4] Toyohiko Kagawa, Songs from the Slums, Nashville 1935, 32.

country to evangelise and helped to rebuild the country. He got the Nobel Peace Prize in 1955 and the induction in the Order of the Sacred Treasure, the second-highest honour of Japan. You may think, well, I don't have the talent of being like Kagawa nor the strength of the good Samaritan. I am jobless myself, feel desolate and fallen amongst those suffering from the coldness of this society and world myself. Yes, you are right, we are in a way fallen among the robbers ourselves, but, dear congregation, consider yourself worthy to share yourself, a smile or your true feelings honestly to others. You might be a powerful witness of the Gospel amidst your own struggle. You might rescue someone from the bitterness of his own frustration.

Once when I volunteered to help at "Leib und Seele". I was coming early and was just sitting on one of these stone benches in front of the church. Soon I found myself in a conversation with an elder lady. We talked about this and that, especially about languages, and how interesting it is to put your mind into other peoples thoughts. After a while I was sitting there, another friend of her was coming to me and said: "Please, here, take my number!" It was a good one. I didn't need it. But how kind of her!

There is a pretty bad custom in the German language to tell people of lesser money "sozial schwach", socially pour. But who are the social pour? Those who share a three or four bed room in a hospital and share together their life there while they get treatment, sharing their magazines, sharing their life-stories, their difficulties with one another? Are they socially pour?

Even in the children's clinic I found, that the hospital where I minister right now is making a difference between children of the "Kassenpatienten" and children from private health insurance. My heart was in pain when I heard about this. The children from their parents private health insurance had a TV in their room. Others didn't. But the children didn't care. They said to one another, in the evening, please come over and we watch TV together. And they certainly did. Dear sisters and brothers, let us be like the children, as Jesus told us to be.

Kagawas theology was all about cross-consciousness. God himself is conscious about the cross of people and he gave his only son as a sacrifice for us. And today he is conscious about our cross, about yours and mine, and offers himself and his power to love and heal our broken world from the trial and from the hunger to live. We are invited together with the man from Samaria to join in the cross-consciouness of Christ. That is the gift that God is offering to all of us. In this we find ourselves, we find our true being, we find God in his social-Consciousness and we experience the redemptive power of the living Christ.

Take this pour looking church, pour looking inside, dear brothers: the lacking colour and paint for me is a signpost for the cross-consciousness and the social-consciousness of God in Christ. How much colour and paint is lacking in this neighbourhood, how many people long to see a new life, expecting a change to come. Christ's church is carrying the cross and the signpost of peoples suffering and yearning. And the church is carrying the signs of a new area to come, the signs of the kingdom to draw near of people gathering in faith and sharing the bread.

Toyohiko Kagawa once said that the Gospel is the most easiest thing in the world to teach. The Gospel is so easy that even a child can understand it. You just need to hold it, embrace it, and it will understand: God loves you! We are called today of teaching the Gospel to children, of visiting people who are ill, of mourning with those who mourn and rejoicing with those who rejoice, to sit together with people, who just lost their job and to join in prayer for the coming of Gods Kingdom, to join in the redemptive work of the living God. Amen.

American Church in Berlin (ACB) am Dennewitzplatz.

Christliche Toleranz (8.)

Predigt zum Eidgenössischen Dank-, Buss- und Bettag in der Klosterkirche Wettingen (bei Baden/Schweiz) über Lukas 10, 25-37)

10 *25 Und siehe, da stand ein Schriftgelehrter auf, versuchte ihn und sprach: Meister, was*
muss ich tun, dass ich das ewige Leben ererbe? 26 Er aber sprach zu ihm: Was steht im
Gesetz geschrieben? Was liest du? 27 Er antwortete und sprach: ***»Du sollst den Herrn,***
deinen Gott, lieben von ganzem Herzen, von ganzer Seele, von allen Kräften und von
ganzem Gemüt, und deinen Nächsten wie dich selbst« *(5.Mose 6,5; 3.Mose 19,18). 28 Er*
aber sprach zu ihm: Du hast recht geantwortet; tu das, so wirst du leben.

29 Er aber wollte sich selbst rechtfertigen und sprach zu Jesus: Wer ist denn mein Nächster?
30 Da antwortete Jesus und sprach: Es war ein Mensch, der ging von Jerusalem hinab nach
Jericho und fiel unter die Räuber; die zogen ihn aus und schlugen ihn und machten sich
davon und ließen ihn halb tot liegen.

31 Es traf sich aber, dass ein Priester dieselbe Straße hinabzog; und als er ihn sah, ging er
vorüber. 32 Desgleichen auch ein Levit: Als er zu der Stelle kam und ihn sah, ging er vorüber.
33 Ein Samariter aber, der auf der Reise war, kam dahin; und als er ihn sah, jammerte er
ihn; 34 und er ging zu ihm, goss Öl und Wein auf seine Wunden und verband sie ihm, hob ihn
auf sein Tier und brachte ihn in eine Herberge und pflegte ihn. 35 Am nächsten Tag zog er
zwei Silbergroschen heraus, gab sie dem Wirt und sprach: Pflege ihn; und wenn du mehr
ausgibst, will ich dir's bezahlen, wenn ich wiederkomme.

36 Wer von diesen dreien, meinst du, ist der Nächste gewesen dem, der unter die Räuber
gefallen war? 37 Er sprach: Der die Barmherzigkeit an ihm tat. Da sprach Jesus zu ihm: So
geh hin und tu desgleichen! (Lutherbibel 1984)

Wenn wir heute den Eidgenössischen Dank-, Buß- und Bettag feiern, liebe Gemeinde, feiern wir den Sieg der Toleranz über die Unversöhnlichkeit. Den Sieg der Akzeptanz des anderen in seiner Andersartigkeit über den Wunsch, der andere müsse so sein wie ich. Den Sieg der Wahrung des Friedens durch den guten Willen zur Gemeinschaft trotz unterschiedlicher Auffassungen und unterschiedlicher Bekenntnisse über den Willen, den Andersdenkenden beherrschen zu wollen. Wir feiern diesen Sieg der Toleranz und feiern damit das Land in dem wir leben: die Schweiz. Wir feiern den Frieden, der uns Brot, und nicht nur Brot, sondern auch Wein gibt. Eine Gemeinschaft, die Verbundenheit über Grenzen hinweg sucht und findet und den Frieden, der zu Wohlstand und Wohlergehen vieler Bürger geführt hat und der für alle Bewohner dieses Landes gedacht ist.

Der Eidgenössische Dank-, Buß- und Bettag hatte einst unterschiedliche Bedeutungen: Er wurde einmal gefeiert mit dem Gedenken an die Verfolgung der Hugenotten. Durch ihn wurde die Erinnerung an Heimsuchungen durch Seucheepidemien während des 30-jährigen Krieges wachgehalten. Man gedachte auch an ihm an ein Erdbeben in Zürich im Jahre 1650. Dann war er einmal auch ein Dankgottesdienst für die Einheit der Reformierten und eine Feier des Gedenkens dafür, dass die Schweiz vom 30-jährigen Krieg im Ganzen, d.h. den Kriegshandlungen, verschont worden ist. Doch bis 1797 feierten reformierte und katholische Kantone in der Schweiz diesen Tag immer noch an unterschiedlichen Tagen. Erst nach dem Sonderbundskrieg im Jahre 1848, in dem liberale und konservative Christen einen Bürgerkrieg miteinander ausfochten, hatte der Bettag dann seine heutige Bedeutung und Interpretation erhalten als Gedenktag, der Respekt vor politisch und konfessionell Andersdenkenden fördern sollte. Als solcher wird er nicht konfessionell, sondern staatspolitisch begründet.

Schließlich und endlich hatte die Vernunft über die Waffen gesiegt! Wir bekennen heute mit einander als Christen unterschiedlicher Konfessionen, dass der Friede zwischen den Kirchen, auch zwischen Religionsgemeinschaften, zwischen Kulturen und Nationen, ein Geschenk ist, und doch sind wir aufgerufen das beizutragen, was wir als Menschen dazu beitragen können. Heute ist uns die Welt mit ihren verschiedenen Völkern und Kulturen so nahe, wie kaum in irgendeiner Zeit. Das Gespräch mit Menschen anderen Glaubens, anderer Kultur findet bei uns am Arbeitsplatz, vor unserer Haustür, in unserer unmittelbaren Umgebung statt. Früher waren Menschen aufgebrochen, um fremde Länder zu erforschen, zu erobern und auch auszubeuten. Heute stehen wir wie ganz selbstverständlich mit Menschen zusammen, die uns fremd sind, und doch zu unseren Nachbarn gehören.

Denken wir auch in diesem Zusammenhang an das christliche Gebot der Nächstenliebe? Die Welt ist kleiner geworden. Und unsere technischen Möglichkeiten miteinander zu kommunizieren bergen große Chancen. Aber verstehen wir auch deshalb einander besser? Oder ist der Graben zwischen uns als Bürger und Nachbarn nicht noch größer geworden? Wir greifen schnell zum Natel[5]. Suchen wir genauso schnell die Lebenswelt und Weltanschauung Andersdenkender? Muss die Nächstenliebe heute nicht zur Fremdenliebe werden?

Jesus erinnert uns in der Geschichte vom barmherzigen Samariter an das, was wir Nächsten- und heute auch Fremdenliebe nennen müssen. Erst einmal ist Jesus für uns selbst ein Fremder. Anhänger einer anderen Religion: ein Jude. Kein Schweizer zudem, kein Europäer. Sein Kulturraum ist der Nahe Osten. Wie er denkt, wie er fühlt, es würde uns heute fremd sein. Und dann erzählt er eine Geschichte von einem Samaritaner und führt uns damit ein in seine Welt. Die Samaritaner waren ja verhasste Leute zu seiner Zeit. Sie wurden abgelehnt von den Bewohnern in Jerusalem, von den Judäern. Auf einer Reise von Jerusalem z.B. nach Galiläa musste man dort hindurch, durch Samarien. Die Samaritaner waren in Jerusalem so etwas wie Ausländer, ja schlimmer noch, sie hatten in deren Augen auch nicht den rechten Glauben, und waren völkisch gesprochen ein Mischvolk. Diese Ablehnung, dieser Hass gegen die Samaritaner hatte seine Geschichte. Als das Nordreich Israel 722 von den Assyrern erobert wurde, verfolgten die Assyrer eine Umsiedlungspolitik. Die ansässigen Juden wurden verschleppt, ein Völkergemisch aus dem Osten, aus Babel, Awa, Hamta, Sefarwajim und Kuta wurde angesiedelt. Die Mehrheit der Menschen in Samaria, aber waren immer noch Juden. Aber als solche wurden sie von den Jerusalemern nicht anerkannt.

Als nach dem Exil der Tempel in Jerusalem wieder aufgebaut wurde, boten die Samaritaner ihre Hilfe an. Doch sie wurden abgelehnt. Bald darauf gründeten sie ihr eigenes Heiligtums in Samaria auf dem Garizim. Auch ihre heiligen Schriften waren andere als im orthodoxen Judentum. Es musste für die Juden in Jerusalem eine Herausforderung gewesen sein, diese Geschichte über den Samaritaner, der hier so vorbildlich handelt. Ein Ausländer, ein Fremder, ein in ihren Meinungen mit Vorurteilen überschütteter, gerade er tut, was zum Leben, und auch zum ewigen Leben nötig ist. Gerade er kniet nieder vor dem Überfallenden, macht sich zu seinem Diener, überlegt, was er braucht und nötig hat, gibt, was er geben kann. Gerade er zeigt dem Leser und Hörer, was Glaube ist.

Jesus erzählt eine Geschichte mit doppeltem Boden. Gerade der, dem wir hier und dort begegnen, er ist unser Nächster. Aber hier in der Geschichte sollen die Orthodoxen dem Häretiker, dem Fremden, dem Ausländer begegnen und sollen erst einmal von ihm lernen, an ihm erkennen, was Glaube ist. In den Fremden sich hinein zu versetzen, seine Gedanken denken, seine Geschichte lernen, das ist der Glaube, der zur Versöhnung und zur Gemeinschaft führt. Integration kann deshalb keine Einbahnstraße sein. Der andere hat immer

[5] Schriftdeutsch: Mobiltelefon.

schon seine Geschichte, seine Kultur, seine Antworten und seine Fragen, die für ihn wichtig sind. Ihm zu begegnen ist heute eine Frage der Nächsten als Fremdenliebe.

Über dieser Begegnung liegt der Friede Gottes, der sich nicht anders zeigt als in dem Risiko einem Neuland von Gefühlen und Gedanken zu begegnen. Es ist auch das Risiko des Missverstehens, der zaghaften Annäherung, an das, was uns unbekannt und manchmal auch bedrohlich erscheint. Dieser Schritt in die Begegnung mit dem Andersdenkenden ist gerade für uns heute ein Schritt des Glaubens, eine Herausforderung in die uns unsere eine Welt stellt. Wir rücken näher zusammen in dieser einen Welt, und Gott fordert uns heraus dieses zusammenrücken nicht nur geografisch zu verstehen. Er hat den einen Menschen im Blick, Jesus Christus, und in ihm Welt und Mensch als neue Schöpfung, versöhnt, unter seinem Frieden. Amen.

Von der Nachfolge (9.)

Predigt zu Lk 14,25-35 in der Evangelischen Kirchengemeinde zu Kiekebusch (bei Berlin)

14 25 Es ging aber eine große Menge mit ihm; und er wandte sich um und sprach zu ihnen:
26 Wenn jemand zu mir kommt und hasst nicht seinen Vater, Mutter, Frau, Kinder, Brüder,
Schwestern und dazu sich selbst, der kann nicht mein Jünger sein. 27 Und wer nicht sein
Kreuz trägt und mir nachfolgt, der kann nicht mein Jünger sein.

28 Denn wer ist unter euch, der einen Turm bauen will und setzt sich nicht zuvor hin und
überschlägt die Kosten, ob er genug habe, um es auszuführen, – 29 damit nicht, wenn er den
Grund gelegt hat und kann's nicht ausführen, alle, die es sehen, anfangen, über ihn zu spotten,
30 und sagen: Dieser Mensch hat angefangen zu bauen und kann's nicht ausführen?

31 Oder welcher König will sich auf einen Krieg einlassen gegen einen andern König und
setzt sich nicht zuvor hin und hält Rat, ob er mit zehntausend dem begegnen kann, der über
ihn kommt mit zwanzigtausend? 32 Wenn nicht, so schickt er eine Gesandtschaft, solange
jener noch fern ist, und bittet um Frieden. 33 So auch jeder unter euch, der sich nicht lossagt
von allem, was er hat, der kann nicht mein Jünger sein.

34 Das Salz ist etwas Gutes; wenn aber das Salz nicht mehr salzt, womit soll man würzen? 35
Es ist weder für den Acker noch für den Mist zu gebrauchen, sondern man wird's wegwerfen.
Wer Ohren hat zu hören, der höre! (Lutherbibel 1984)

Liebe Gemeinde,

sie war 21 Jahre alt als die Atombombe über Hiroshima in Japan explodierte. Dass sie noch am Leben war, verdankte sie einer buddhistischen Steinlaterne im Garten ihres Vaters. Ihre Mutter, ihre Freundinnen, ihre Bekannten, unzählige waren im Feuerball der Bombe umgekommen. Allein ihr Vater und sie hatten in ihrer Familie überlebt.

Drei Jahre nach der Explosion hatte sich das Leben etwas normalisiert, aber eigentlich konnte davon doch keine Rede sein. Die grausamen Bilder verstümmelter und verbrannter Körper hatten tief in ihrem Inneren Spuren hinterlassen. Das schlimmste aber war, dass sie glaubte, nicht glücklich sein zu dürfen. Sie lernte einen jungen Mann kennen, der sich für sie interessierte, aber sie verbot sich, mit ihm glücklich sein zu wollen, weil ihre Freundinnen alle umgekommen waren. Sie selbst fühlte sich schuldig, dass sie überhaupt lebte. Ihr Vater schimpfte, mahnte, er versuchte alles Mögliche, damit seine Tochter sich selbst das Gute wieder gönnen würde. Er lud den jungen Mann nach Hause ein und hörte nicht auf, mit ihr liebevoll, aber auch manchmal energisch zu reden.

Dass Menschen ihr eigenes Leben hassen, ist nicht selten. Besonders in der Zeit nach dem Kriege. Das Thema des Krieges taucht in der Seelsorge immer wieder auf. Es lässt niemand los, solange man lebt. Dass Menschen ihr Leben hassen können, scheint nicht das Problem zu sein, wie es in unserem Predigttext gefordert wird, vielmehr ist die Selbstliebe oftmals nicht einfach. Sich selbst anzunehmen, sich selbst zu lieben, sich selbst etwas zu gönnen, ja für viele ist das sehr schwer.

Auch wenn unser Text augenscheinlich Hass gegen uns selbst fordert, geht es, liebe Gemeinde, im Grunde darum, sich selbst in der Nachfolge Jesu zu einem Leben in Gottes Liebe zu entscheiden. Nachfolge ist das Thema unseres Bibelabschnitts.

Ich möchte ihnen heute drei Sätze mit auf den Weg geben:

1. Nachfolge heißt Entscheidung für Christus.
2. Nachfolge heißt, Jesus an die erste Stelle zu setzen.
3. Nachfolge heißt, das Kreuz anzupacken.

1. **Nachfolge heißt Entscheidung für Christus.**

Es gibt Kirchen, in denen betont wird, dass Gott sich für uns entschieden hat, dass er es ist, von dem alle Berufung, alle Entscheidungen ausgehen. Dazu gehört auch unsere unierte Kirche, die stark lutherisch geprägt ist. Andere Kirchen, besonders die Freikirchen, betonen die persönliche Entscheidung jedes einzelnen für Christus. Der heutige Text spricht mehr für diese anderen Kirchen. Das Christentum ist eine Sache der persönlichen Entscheidung. Christus nachzufolgen heißt „ja" zu sagen: „Ja, ich will dir nachfolgen". Man wird nicht als Christ geboren, sondern entscheidet sich für ein Leben mit Christus und dafür, Christus nachzufolgen. In anderen Ländern erlangt man die Zugehörigkeit zur Religion einfach durch seine Geburt. Und auch wenn wir sagen können, dass wir in einem christlichen Land aufgewachsen und groß geworden sind, ist es doch eine Sache der persönlichen Entscheidung, Christus nachzufolgen. Dass die Religion Sache der persönlichen Entscheidung ist, bleibt die Grundlage für die Religionsfreiheit in unserem Land. Länder, in denen die Volkszugehörigkeit und die Religionszugehörigkeit zusammenfallen, kennen oft keine Religionsfreiheit.

Auf den ersten Blick geht es in unserem Text um Menschen, die sich zum ersten Mal für Christus entscheiden, aber dann ist in den letzten Versen vom Salz die Rede, das nicht mehr salzt. Der Text richtet sich also auch an Christen, die sich schon entschieden haben, die aber müde geworden sind in ihrem Eifer für die Sache Jesu. Sich für Christus, sich für ein christliches Leben zu entscheiden, ist keine einmalige, sondern im Grunde eine lebenslange Einstellung. Das Leben kann salzlos werden, wenn wir unsere erste Liebe vergessen und unseren Bund mit Christus nicht immer wieder erneuern.

2. Nachfolge heißt, Christus mehr zu lieben als alles andere.

Im Text heißt es: „*Wer nicht hasst seinen Vater, seine Mutter, usw.*"

Im Matthäusevangelium klingt es etwas abgemildert: „*Wer Vater und Mutter mehr liebt als mich, ist meiner nicht wert.*" (Matth 10,37)

Christus gibt uns dieses Gebot nicht, weil er ein Diktator über uns sein will, sondern weil er uns schützen will. Vater und Mutter, die Familie, unsere Freunde, alles ist uns Halt und Trost. Aber in schweren Stunden, wenn uns unsere Liebsten genommen werden, dann kann nur die Liebe Gottes unsere Wunden verbinden. „*Vater und Mutter verlassen mich, aber der Herr nimmt mich auf,*" heißt es in Psalm 27, 10.

Auch steht die Familie, Vater und Mutter, für die natürliche Ordnung, in die wir hineingeboren werden. Aber mit Christus sind und werden wir ein neuer Mensch, der nicht durch seine natürliche Umgebung festzunageln ist. Wir sind mehr als der Sohn oder die Tochter unserer Eltern. Wir sind einmalig und haben die Freiheit durch Christus unser ganz eigenes Leben zu leben. Wie oft haben die Eltern schon einen Plan für ihre Kinder bereit oder wünschen sich, dass ihre Kinder diesen oder jenen Weg gehen. Aber Christus ruft uns in die Freiheit der Kinder Gottes. Dieser Ruf ist stärker als die natürlichen Bindungen in unserer Welt. Paulus sagt es noch einmal mit ganz anderen Worten:

„*Ich vergesse, was dahinten ist, und strecke mich aus nach dem, was da vorne ist, und jage nach dem vorgesteckten Ziel, dem Siegespreis der himmlischen Berufung Gottes in Christus Jesus.*" (Phil. 3,13).

Die mittelalterliche Ständegesellschaft, wie auch das hinduistische Kastensystem, in dem ein Mensch in eine gesellschaftliche Schicht hineingeboren wird und ein Leben lang in ihr verbleiben muss, widerspricht dem christlichen Menschenbild. Denn Gottes Ruf zu folgen, das kann womöglich heißen, ein ganz anderer Mensch zu werden, einem ganz anderen Ruf zu folgen und den uns angestammten Platz zu verlassen. Das kann auch für den Reichen heißen, seinen Reichtum aufzugeben, wie z.B. Franz von Assisi oder andere Heilige, oder durch Fleiß und Begabung seinen von Gott gezeichneten Weg zu gehen. Gesellschaftliche Schranken und Hürden, die dies blockieren, hindern die Wege Gottes.

Unsere Umwelt, unsere Freunde, Bekannte, sie alle wollen uns sagen, wer wir sind und wissen oftmals viel besser über uns Bescheid, als wir selbst. Allein bei Gott liegt Freiheit, allein bei ihm finden wir unsere wahre Identität. Allein er kennt uns besser, als wir uns selbst kennen. Allein in Christus finden wir unser wahres Ich und die Freiheit durchzuatmen. Von ihm wächst uns Mut und Kraft, das Unmögliche anzugehen. So wird ein Joseph, der Sohn des Jakob, als einfacher Hirt, Sekretär des Pharao. David, ebenfalls Schafshirte, wird König. Und Fischer vom See Genezareth werden gerufen in den Verkündigungsdienst und die Mission von Jesus. Haben wir als Gesellschaft schon die Nachfolge angetreten? Gerade gestern war im Fernsehen zu hören, dass nur 10% aller Hauptschulabgänger einen Ausbildungsplatz bekommen. Wie können wir uns ein christliches Land nennen, das so viele junge Leute von der Schule in die Arbeits- und Zukunftslosigkeit entlässt?

3. Nachfolge heißt, das Kreuz anzupacken.

Unser Kreuz? Was ist das eigentlich? Unsere Umwelt, in die wir hineingeboren sind? Unser Stand? Unsere Grenzen und Schwächen? Vielleicht auch ein körperliches Leiden oder eine körperliche Schwäche? Nachfolge heißt nicht die Augen zu verschließen vor der Realität, sondern das Kreuz anzupacken. Tragen können wir es nicht allein. Dafür kommt uns Christus zu Hilfe. Aber anpacken, es in Augenschein nehmen und dann Christi Hilfe und seinen Beistand erbitten, das können wir und das gehört zur Nachfolge. Und dann muss auch nicht alles bleiben, wie es ist. Christus ist nicht dafür gestorben, dass alles beim Alten bleibt, er hat nicht dafür sein Leben gegeben, um den Status Quo zu segnen. Packen wir das Kreuz erst einmal an, werden wir merken, dass diese Last leicht ist, weil Christus selbst uns trägt, weil er schon den schweren Weg gegangen ist, uns voraus gegangen ist. Aber oft merken wir das erst, wenn wir zurückblicken.

Ja, es scheint oftmals so zu sein, dass wir uns selbst das Gute nicht gönnen. Wären unsere Gottesdienste nicht viel mehr besucht, würden nicht viel mehr Menschen zum Gotteslob zusammen kommen? Statistiken und Untersuchungen von Wissenschaftlern haben es längst erwiesen, dass Menschen, die unter Menschen gehen oder sich einer Gemeinschaft anschließen, gesünder leben. Auch das Singen und Beten macht fröhlicher und ausgelassener, vor allem auch in Gemeinschaft. Das müssen wir vielleicht erst wieder entdecken. Es ist nicht unbedingt der Starprediger, der uns beeindruckt, sondern es ist eine lebendige Gemeinde, in der sich Menschen wohlfühlen, einander beistehen, einander Seelsorger sind und das Gespräch von Herz zu Herz üben. Solche Gemeinschaft tut der Seele gut und das Grübeln und die dunklen Gedanken werden so vertrieben. Luther hat bei Schwermut immer wieder die Geselligkeit und das unter Menschen gehen empfohlen. Und Paul Gerhardt hat gedichtet: „*Mit Sorgen und mit Grämen und mit selbsteigener Pein lässt Gott sich gar nichts nehmen. Es muss erbeten sein.*“ (EKG 361, V.2)

Die Geschichte von Hiroshima, sie ist kein Einzelfall. Der Vater des Mädchens erinnert seine Tochter daran, dass die Toten nicht trauern und dass es auch für sie jetzt Zeit ist, Familie zu gründen, Kinder zur Welt zu bringen und dem Leben wieder neu zu begegnen. Natürlich haben wir ein Recht zu trauern und der Toten zu gedenken. Der Glaube an die Auferstehung lässt uns aber getrost sein, dass es unseren Lieben an nichts fehlt in der vollen und jetzt unanfechtbaren Gemeinschaft mit Gott, die sie erleben. Deshalb dürfen auch wir Gemeinschaft mit Gott suchen, besonders durch sein Wort und durch die Gemeinschaft miteinander.

Gebet und Gemeinschaft gehören genauso zur Nachfolge, wie Kreuz und Selbstverleugnung. Gönnen wir uns das Gute, denn Christus hat gesagt: „*Ich bin gekommen, damit sie das Leben und volle Genüge haben sollen.*“ (Joh 10,10) Amen.“

Christi Tod (10.)

Karfreitagspredigt über Luk 23, 33-49

In der Evangelisch-methodistischen Kirche Baden (Schweiz)

***23** 33 Und als sie kamen an die Stätte, die da heißt Schädelstätte, kreuzigten sie ihn dort und die Übeltäter mit ihm, einen zur Rechten und einen zur Linken. 34 Jesus aber sprach: **Vater, vergib ihnen; denn sie wissen nicht, was sie tun!** Und sie verteilten seine Kleider und warfen das Los darum.*

35 Und das Volk stand da und sah zu. Aber die Oberen spotteten und sprachen: Er hat andern geholfen; er helfe sich selber, ist er der Christus, der Auserwählte Gottes. 36 Es verspotteten ihn auch die Soldaten, traten herzu und brachten ihm Essig 37 und sprachen: Bist du der Juden König, so hilf dir selber! 38 Es war aber über ihm auch eine Aufschrift: Dies ist der Juden König.

*39 Aber einer der Übeltäter, die am Kreuz hingen, lästerte ihn und sprach: Bist du nicht der Christus? Hilf dir selbst und uns! 40 Da wies ihn der andere zurecht und sprach: Und du fürchtest dich auch nicht vor Gott, der du doch in gleicher Verdammnis bist? 41 Wir sind es zwar mit Recht, denn wir empfangen, was unsre Taten verdienen; dieser aber hat nichts Unrechtes getan. 42 Und er sprach: Jesus, gedenke an mich, wenn du in dein Reich kommst! 43 Und Jesus sprach zu ihm: **Wahrlich, ich sage dir: Heute wirst du mit mir im Paradies sein.***

*44 Und es war schon um die sechste Stunde, und es kam eine Finsternis über das ganze Land bis zur neunten Stunde, 45 und die Sonne verlor ihren Schein, und der Vorhang des Tempels riss mitten entzwei. 46 Und Jesus rief laut: **Vater, ich befehle meinen Geist in deine Hände!** Und als er das gesagt hatte, verschied er.*

47 Als aber der Hauptmann sah, was da geschah, pries er Gott und sprach: Fürwahr, dieser ist ein frommer Mensch gewesen! 48 Und als alles Volk, das dabei war und zuschaute, sah, was da geschah, schlugen sie sich an ihre Brust und kehrten wieder um.

49 Es standen aber alle seine Bekannten von ferne, auch die Frauen, die ihm aus Galiläa nachgefolgt waren, und sahen das alles. (Lutherbibel 1984)

Gnade sei mit euch von dem, der da war und der da ist und der da kommt. Amen.

Jesus stirbt. Tod. Das ist das Letzte, hinter dem es kein „ja und aber" mehr gibt. Keine Gegenwehr. Kein Schrei kann dort hindurch.
Jesus stirbt. Er wird geholt in die äußerste Gottesferne, in die Leere, in die wir kommen könnten ohne ihn. Diese Gottesferne macht er zunichte. Er stirbt den Tod.

Jesus stirbt. Der Vorhang des Tempels reißt entzwei. Das Allerheiligste nun offen und frei zugänglich für alle. Das Heilige nicht mehr reserviert für einen oder eine bestimmte Priesterkaste.

Der Vorhang reißt entzwei und damit ändert sich die Religion. Auch sie stirbt und steht auf in einem neuen Gewand. Ohne priesterlichen Vorhang. Jetzt können wir mit unseren einfachen Kleidern zu Gott kommen, als Angestellte, als Arbeiter, als Väter und Mütter, als Brüder, als Kranke, als Gesunde, so wie wir sind.

Jesus stirbt und die Erde erbebt. Etwas geschieht mit der Welt an jenem Tag. Jesu Tod verändert die Welt, verändert die Zeit der Welt. Jetzt ist die Welt nicht mehr ohne Erlösung. Jetzt liegt die Welt in Gottes Zukunft. Die Welt mit all ihren Sünden, ausgebeutet, Opfer der Menschen. In der Welt regiert der Gekreuzigte neu. Mit ihm ist sie gerichtet, befreit und erlöst.

Jesus stirbt. In seinem Sterben denkt er an seine Schächer, betet für die, die ihn umbringen. Er ruft jene mit in sein Reich, die sich zu ihm kehren.

„Jesus, gedenke an mich, wenn du in dein Reich kommst!" Lk 23, 42

Jesus denkt an mich in meinen dunkelsten Stunden, er denkt an mich, wenn ich nicht weiter weiß. Alle Gottesferne und Gottesleere hat er auf sich genommen. Er ist da, wenn mir alles zerbricht. Er ist da in der Stunde meines Todes, wenn mir nichts mehr helfen kann als er allein.

In meinem Sterben, in meinen kleinen Todeserlebnissen, wo es nicht mehr weitergeht, wo ich Abschied nehmen muss, da ist er da für mich. Und auch wo ich mich von Jesus getrennt weiß, wo mir der Glaube und die Kraft fehlt. Da ist er da. Er lässt mich nicht allein. Jesus stirbt. In seinem Tod stiftet er Gemeinschaft. Und in seiner Gemeinschaft gibt es keine Schuld mehr, die von Gott trennt. Ich weiß, dass ich zu ihm gehöre, zu dem Mann von Golgatha. Auch wenn ich ihn manchmal nicht verstehe, wenn ich nicht begreifen kann, wie er diesen Weg gehen konnte. Wenn er mir fern zu sein scheint, ist er mir nah.

Jesus stirbt.

Amen.

Die Evangelisch-methodistische Kirche in Baden, Schweiz (Seminarstrasse 21).

Ewiges Leben (11.)

Predigt zum Ewigkeitssonntag über Johannes 5, 24-29
in der Evangelisch- reformierten Schlosskirchengemeinde Köpenick (Berlin)

5 24 Wahrlich, wahrlich, ich sage euch: ***Wer mein Wort hört und glaubt dem, der mich***
gesandt hat, der hat das ewige Leben und kommt nicht in das Gericht, sondern er ist vom
Tode zum Leben hindurchgedrungen. *25 Wahrlich, wahrlich, ich sage euch: Es kommt die*
Stunde und ist schon jetzt, dass die Toten hören werden die Stimme des Sohnes Gottes, und
die sie hören werden, die werden leben. 26 Denn wie der Vater das Leben hat in sich selber,
so hat er auch dem Sohn gegeben, das Leben zu haben in sich selber; 27 und er hat ihm
Vollmacht gegeben, das Gericht zu halten, weil er der Menschensohn ist. 28 Wundert euch
darüber nicht. Denn ***es kommt die Stunde, in der alle, die in den Gräbern sind, seine***
Stimme hören werden *29* ***und werden hervorgehen, die Gutes getan haben, zur***
Auferstehung des Lebens, die aber Böses getan haben, zur Auferstehung des Gerichts.

(Lutherbibel 1984)

Liebe Gemeinde,

wenn ich einen geliebten Menschen verloren habe, lasse ich mich nicht so schnell mit Worten trösten. Ich **will** dann auch keinen Trost, will keine Vertröstung, keinen Ersatz. Nichts kann die Einmaligkeit, den Charakter, das Lächeln, die Worte eines Freundes/einer Freundin ersetzen, den/die es jetzt nicht mehr in meinem Leben geben soll. Nichts! Wenn er oder sie nicht mehr da ist, dann bleibt alles leer, dunkel, kalt und frostig.

In meinem Leben hatte ich sehr früh den Verlust von Menschen, eines guten Freundes und eines Bruders, erlebt. In der Grundschulzeit verstarb ein Freund von uns, als wir in die 6. Klasse gingen. Schon vorher gab es in unserer Familie einen ungewöhnlichen Todesfall.

Früh begann ich über Tod und Ewigkeit nachzudenken und wie man sich ein Leben in der Ewigkeit vorstellen könnte. Unsere Gedanken reichen hier nicht aus, um das Unerforschliche zu ergründen. Wir sind hier auf die Worte der Heiligen Schrift angewiesen, auf Offenbarung. Eines aber war für mich gewiss. Wenn es keine Ewigkeit gäbe, keinen Gott, der uns, der mich, am Ende aller Wege liebevoll in seine Arme nehmen würde, was für einen Sinn hätten dann meine Gedanken, das was ich erlebt hatte, Schmerzen, Sehnsüchte, Schicksale, Leiden und

Glück? Mit dem Tod würden alle Momente meines Lebens für ewig verloren sein. Dieser Gedanke schien für mich keinen Sinn zu machen.

Die Freunde Jesu schreiben ihr Evangelium aus einer vergleichbaren frostigen Stimmung eines unersetzbaren Verlustes. Sie schreiben aus der Erinnerung an Jesus Christus. Ihn hat es nun nicht mehr gegeben. Es schien eine Ewigkeit her, dass sie seine Stimme gehört, seine Schritte wahrgenommen hatten, an seiner Seite standen, das Brot mit ihm teilten.

Sie schreiben, und sie erinnern sich dabei an alles und in die Leere ihres Kummers hinein entfaltet sich eine Aura, eine Stimmung der erfüllten Sehnsucht, ein Geruch, von einem Lichtglanz, mit Spuren des Geliebten wurden sie ummantelt. Sie spürten, dass er doch bei ihnen ist, sie in anderer Gestalt begleitet, in Gedanken liebend berät, verteidigt, sie an Worte erinnert, die er gesprochen hatte. Sie beginnen sich von ihm auf ihrem Wege führen zu lassen, wie damals. Sie verstehen langsam, dass Jesus in anderer Gestalt unter ihnen wohnt und entwickeln den Gedanken des Geistes Gottes, des Heiligen Geistes mitten in ihren dunkelsten Stunden. Sie wissen, dass es ein Geist von Jesus ist, weil sie trotz Trauer von Liebe erfüllt werden.

Dieser Geist schenkt ihnen Glauben und lässt das Hören des Wortes Gottes zur Erfahrung der Weisheit und der Kraft werden. Es entsteht eine neue Verbundenheit mit Gott durch den Geist der Auferstehung Christi. Eine neue Gemeinschaft entsteht, die aus der Ewigkeit kommt und in die Ewigkeit führt.

Der Heilige Geist, der Geist Jesu Christi, macht das Hören des Wortes Gottes zum wirkmächtigen Ereignis. Er stärkt sie, er fordert sie, er richtet sie auch. Das endzeitliche Gericht, von dem unter ihnen immer wieder zu hören war, fürchten sie jetzt nicht mehr. Sie spüren, dass Jesus sie heute schon richtet, ja, vielmehr dass Jesus selbst an die Stelle aller Menschen getreten ist, die gerichtet werden sollen. Das endzeitliche Gericht ist für die, die an Jesus glauben, schon jetzt Wirklichkeit. Am Kreuz sehen sie in Gedanken noch den Jesus, wie er leidet, wie er stirbt, wie er seinen Geist in die Hände des Vaters befiehlt.

Und sie wissen: Jesus ist für ihre Sünden, für all ihre Verfehlungen, für falsche Lebensentscheidungen, für unglückliche Beziehungen, für Streit und Unversöhnlichkeit in ihrem Herzen, für Krieg und Hass in der Welt gestorben. Er hat all das für sie und für uns ans Kreuz getragen und von uns genommen. Aber noch mehr: Er hat sich als der lebendige und auferstandene Herr in der Kraft des Heiligen Geistes mächtig erwiesen zu befreien, zu versöhnen, wieder ins Glück zu setzen, was verloren war, zu verbinden, wo Streit und Mauern, die Wege zu Menschen verschließen.

Christus hat am Kreuz die Mauer der Unzugänglichkeit des Menschen zu Gott durchbrochen. Nun dürfen wir kühn und freimütig vor den Thron der Gnade Gottes treten und ohne Ende bekennen, dass Jesus Christus der Herr ist über alle, über Lebende und Tote. Und dass er das Leben schenkt allen, die es sich von ihm schenken lassen wollen. Dazu lädt er uns auch heute wieder erneut ein, wenn er uns an seinen Tisch zu Brot und Wein ruft.

Wie kann diese große Wandlung mit Blick auf die Ewigkeit in uns geschehen? Liebe Gemeinde, es braucht die persönliche Entscheidung. Es braucht ein „ja" in unseren Herzen, dass Jesus auch für mich, auch für mein Leben, für meine Sünden und Verfehlungen gestorben ist.

Es braucht das Hören auf Gottes Wort. Nicht nur einen irgendwie unbestimmbaren Glauben an Gott, sondern das Hören und das Vertrauen auf sein Wort, wirkmächtig im Geiste Gottes. Christen glauben nicht einfach an Gott, sondern an die Unverbrüchlichkeit der Verheißungen und Zusagen Gottes in seinem Wort und zu diesen Verheißungen gehört auch das ewige Leben.

Gott ruft uns heute und hier zum Glauben an dieses Wort. Das muss gesagt werden, denn wir schätzen heute alles andere fast höher ein als diesen Glauben. Fast alles andere scheint für uns mehr Macht und Gewalt zu haben: Besitz, Wissen, akademische Leistungen, Ansehen, Geld, Reichtum, ja, vieles schätzen wir höher als diesen einfachen Glauben an das Wort, dass aber alles bewirkt. Der Glaube allein hat hier die Macht zu helfen und das ewige Leben zu schenken.

Dieser Glaube, den wir aus Gottes Verheißungen durch die Kraft des Heiligen Geistes erfahren, dieser Glaube macht uns gewiss, dass wir vom Tode zum Leben schon hindurch gedrungen sind. Wir leben im Glauben an den Sohn Gottes in der Gegenwart des Gerichts und im Glanz einer zukünftigen Ewigkeit, in der Gewissheit, dass Gottes Liebe uns niemals fallen lassen wird, dass nichts uns trennen kann von ihm.

„Ich bin gewiss, dass weder Tod noch Leben, weder Engel noch Mächte noch Gewalten, weder Gegenwärtiges noch Zukünftiges, weder Hohes noch Tiefes noch eine andere Kreatur uns scheiden kann von der Liebe Gottes, die in Jesus Christus ist unserem Herrn."

(Röm 8, 38.39)

Dieser Glaube ist nicht ein kluger, philosophischer Gedanke, den sich nur Intelektuelle und Gebildete unter uns leisten könnten zu denken und der anderen verschlossen bleiben müsste. Nein, er ist eine Wirklichkeit Gottes, die sich allein denen aufschließt, die es Gott erlauben, dass Christus in ihren Herzen wohnt. Denn die Ewigkeit, so hat es Gott gewollt, soll nicht erst am Ende aller Zeiten die neue Welt Gottes beschreiben, in der einmal kein Schmerz, kein Leid und kein Kummer mehr seien werden, sondern sie soll schon jetzt durch die Liebe des Vaters in unseren Herzen wohnen. Amen.

Mitbewohner Gottes (12.)

Predigt zu Joh 6, 1-15, am 7. Sonntag nach Trinitatis in der Evangelisch-reformieren Kirchengemeinde Hohenbruch

6 1 Danach fuhr Jesus weg über das Galiläische Meer, das auch See von Tiberias heißt. 2
Und es zog ihm viel Volk nach, weil sie die Zeichen sahen, die er an den Kranken tat. 3 Jesus
aber ging auf einen Berg und setzte sich dort mit seinen Jüngern. 4 Es war aber kurz vor dem
Passa, dem Fest der Juden.

5 Da hob Jesus seine Augen auf und sieht, dass viel Volk zu ihm kommt, und spricht zu
Philippus: Wo kaufen wir Brot, damit diese zu essen haben? 6 Das sagte er aber, um ihn zu
prüfen; denn er wusste wohl, was er tun wollte. 7 Philippus antwortete ihm: Für zweihundert
Silbergroschen Brot ist nicht genug für sie, dass jeder ein wenig bekomme. 8 Spricht zu ihm
einer seiner Jünger, Andreas, der Bruder des Simon Petrus: 9 Es ist ein Kind hier, das hat
fünf Gerstenbrote und zwei Fische; aber was ist das für so viele? 10 Jesus aber sprach: Lasst
die Leute sich lagern. Es war aber viel Gras an dem Ort. Da lagerten sich etwa fünftausend
Männer.

11 Jesus aber nahm die Brote, dankte und gab sie denen, die sich gelagert hatten; desgleichen
auch von den Fischen, soviel sie wollten. 12 Als sie aber satt waren, sprach er zu seinen
Jüngern: Sammelt die übrigen Brocken, damit nichts umkommt. 13 Da sammelten sie und
füllten von den fünf Gerstenbroten zwölf Körbe mit Brocken, die denen übrig blieben, die
gespeist worden waren.

14 Als nun die Menschen das Zeichen sahen, das Jesus tat, sprachen sie: Das ist wahrlich der
Prophet, der in die Welt kommen soll. 15 Als Jesus nun merkte, dass sie kommen würden und
ihn ergreifen, um ihn zum König zu machen, entwich er wieder auf den Berg, er selbst allein.

(Lutherbibel 1984)

Liebe Gemeinde,

wenn wir die Geschichte von der wundersamen Speisung hören, denken wir zuerst daran, oh Gott, wie kann ein Mensch mit so wenig Lebensmitteln so viele Menschen satt machen. Unmöglich. Tatsächlich gab es vergleichbare, wenn auch nicht so dramatische Situationen hier bei uns in Hohenbruch. Ich erinnere mich an zwei Veranstaltungen, zu denen wir irgendwie ziemlich schnell etwas zu Essen organisieren mussten. Es waren auch nicht gerade 5000 Menschen, wie in der Bibel, aber immerhin. Die eine Veranstaltung war das Richtfest unseres Kirchturms und die andere Gelegenheit ein Besuch von einer Gruppe aus Lübars. Frau H. hatte mit anderen zusammen die Sache schließlich irgendwie bewerkstelligt und es war sicherlich eine Herausforderung. Für mich ein kleines Wunder. Aber um dieses logistische Problem einer Lebensmittelversorgung geht es im Grunde in unserer biblischen Geschichte eigentlich nicht. Vielmehr versucht die Geschichte von der wundersamen Speisung ein Problem zu bearbeiten, ein Thema abzuhandeln, dass für die Menschen zentral ist. Also, nicht die Geschichte gibt uns das Problem, sondern sie antwortet auf ein Problem. Sie will Antwort sein.

Die grundsätzliche Frage, auf die diese Geschichte versucht eine Antwort zu geben, ist die Frage nach dem Glauben: Hat Glauben überhaupt einen Sinn? Was bewirkt der Glaube an Jesus? Und wer ist dieser Jesus überhaupt?

Dabei hängen wir als abendländische Menschen ganz schön an dem Thema Brot fest, weil wir es gewohnt sind, in zwei Bereichen zu denken, einen geistlichen und einen materiellen. Das kommt eigentlich nicht von der Bibel, sondern ist Teil unserer Kultur und Erbe des christlichen Abendlandes. In der Geschichte des abendländischen Christentums ist die Lehre von Gott in der Antike eine Heirat eingegangen mit der abendländischen Philosophie eines Platon und später eines Plotin und seitdem denken wir eigentümlich in diesen zwei Bereichen.

Aber selbst wenn wir die Geschichte rein geistlich deuten würden, hätten wir so unsere Schwierigkeiten mit dem Wunder, das hier ausgesagt wird. Die geistliche Auslegung der Geschichte von der Speisung der 5000 läuft in der Regel darauf hinaus, dass man sie als Vorläufer für das heilige Abendmahl betrachten muss. Und damit würde sich eigentlich alles lösen. Aber stellen sie sich bitte einmal vor, dass sie ein Brot in 1000 Stücke schneiden müssten, um damit Abendmahl zu feiern. Wer schon einmal das Abendmahl vorbereitet hat, wird mir zustimmen, dass selbst das als unmöglich erscheint. Ein Brot in 1000 Stücke zu schneiden und jedem davon ein Stück zu reichen. Das Wunder dieser Geschichte würden wir damit verschleiern und dies ist ja gerade die eigentliche Aussage.

Wir haben allerdings in den letzten Jahren etwas aufgeholt in Europa und auf vielerlei Weise versucht über den Graben zwischen Materie und Idee, zwischen Leib und Seele zu springen. Für jeden anschaulich ist der Zusammenhang bei einer psychosomatischen Krankheit. Die Psyche ist ja die Seele, das Soma der Körper. Und dieses Phänomen gibt es bei uns allen. Es ist meistens Wut, Ärger, Frustration oder Enttäuschung, die wir körperlich wahrnehmen und spüren. Dem einen geht es auf den Magen, der zweite hat Asthma, der dritte bekommt Kopfschmerzen usw. Dabei ist der Auslöser für unser Unwohlsein nicht-materiell. Wenn also der böse Anlass oder das böse Gefühl und die böse Erfahrung sich in unserem Körper spürbar macht, können dann nicht auch gute Gedanken, gute Worte ihre Verwirklichung in der materiellen Welt haben?

Neulich habe ich wieder einen Artikel in einer christlichen Zeitung gefunden zu dem Thema „Leben Christen gesünder?“ Tatsächlich scheint es einen Zusammenhang zu geben zwischen einem ausgeglichenen seelischen Leben und unserem gesundheitlichem Zustand.

Für vergangene Generationen wären dies alles wahrscheinlich Binsenweisheiten. Wir als die modernen Menschen müssen sie wahrscheinlich erst wieder zurückerobern. Aber selbst die moderne Philosophie gibt zu, dass sie immer noch nicht geklärt hat, welchen Zusammenhang es eigentlich zwischen der Welt der Gedanken und der materiellen Welt gibt. Wie kommt es eigentlich dazu, dass wenn wir unserem Arm den Befehl geben sich zu erheben, er sich tatsächlich auch durch unseren Willen in Bewegung setzen lässt? Wo liegt der Übergang vom Geistlichen, vom Befehl oder Gedanken zur Materialisierung?

Gott sagt uns nun z.B. im Buch des Propheten Jesaja, dass sein Wort genau diese Materialisierung oder Realisierung in sich schließt: „Denn gleichwie der Regen und Schnee vom Himmel fällt und nicht wieder zurückkehrt, sondern feuchtet die Erde und macht sie fruchtbar und lässt wachsen, dass sie gibt Samen, zu säen und Brot zu essen, so soll das Wort, das aus meinem Munde geht, auch sein: Es wird nicht wieder leer zu mir zurückkommen, sondern wird tun, was mir gefällt, und ihm wird gelingen, wozu ich es sende.“ (Jes 55, 11)

Als die Israeliten nun in Not waren, hielten sie ihre Umstände nicht für die letzte Realität in ihrem Leben, auch wenn sie ihnen so nahe war, wie nur irgendetwas, sondern sie glaubten und hofften, dass Gott immer noch größer sein müsse, als ihre Umstände, und dass er eigentlich auch der Herr ist über ihre missliche Lage. Im Psalm 107 heißt es:

„*Sie schrien zum Herrn in ihrer Not,*

der rettete sie aus der Todesangst.“

So heißt es wiederholt in unserem Psalm der Woche, dem Psalm 107, im Vers 6. Es ist für mich beeindruckend zu sehen, wie die Menschen damals in den Psalmen zu Gott beteten. Das Wort für „schreien“ im Hebräischen, ist ein Schreien unter großer Qual, ein Schrei um Hilfe, auch in einem Kampf.

Die Menschen beteten mit ihrer ganzen Kraft, mit ihrer ganzen Seele. Sie brachten ihre ganze Qual und Enttäuschung vor Gott. Und der erhörte ihr Gebet.
An anderen Stellen in den Psalmen beten Menschen so, dass sie Gott aufwecken wollen: „*Steh auf, HERR, ...*“ heißt es da im Psalm 3, Vers 8 (Züricher Übersetzung). Oder „*Kehre wieder, HERR, errette mein Leben!*“ (Psalm 6, Vers 5). Oft heißt es ja auch in der Bibel, dass die Menschen umkehren sollen, aber hier wird Gott dazu aufgerufen, umzukehren, sich wieder den Menschen zuzuwenden.
Schließlich heißt es in Psalm 12, V. 6: „*Die Elenden werden unterdrückt, die Armen seufzen, darum stehe ich auf, spricht der HERR.*“
Kann ein Gebet Gott tatsächlich in Bewegung setzen? Im Jakobusbrief schließlich heißt es: „*Des Gerechten Gebet vermag viel, wenn es ernstlich ist*“ (Jak 5,16).
Tatsächlich haben die Israeliten auf ihrer Wanderung durch die Wüste durch das Gebet die wunderbare Hilfe Gottes erfahren. Vorher irrten sie umher in auswegloser Wüste, fernab von bewohnten Orten. Sie hatten Hunger und Durst und waren in Todesangst. Und Gott führte sie schließlich den richtigen Weg, aber erst nachdem sie sich an ihn wandten im Gebet.
Es gibt eine weit verbreitete Meinung, dass die Kirche und der Glauben gut sind für die Zeit des Außerordentlichen, für die Geburt, wir denken an die Taufe, oder auch, wenn man einen liebgewordener Menschen verloren hat. Die Kirche ist sicherlich wichtig an den Eckpunkten unseres Lebens. Die Geschichten allerdings, mit denen wir es heute in den Lesungen zu tun haben, handeln nicht von Eckpunkten des Lebens, sondern von der Mitte des Lebens, vom Leben als Wanderung. Und auf dieser Wanderung machen Menschen die Erfahrung, dass Gott in ihrer Mitte ist.
Auch in der Geschichte von der Speisung der 5000 kommt eine große Menge zu Jesus, nicht weil sie etwas vom ewigen Leben gehört haben oder von einem Leben nach dem Tode, sondern weil sie erlebt haben, dass Jesus die Kranken heilte. Dieser Jesus war einer, der ihre ganz alltäglichen Probleme, ihre Wunden und Enttäuschungen, die sie hier und jetzt hatten, ernst nahm. Und diese waren für die Menschen viel wichtiger als die großen philosophischen Fragen.
Die Geschichten in der Bibel sprechen immer wieder von einem Gott, der sich der ganz alltäglichen Probleme der Menschen annimmt. Jesus sagt uns heute, „ich bin für deine ganz einfachen, alltäglichen Probleme zuständig“: Für die Mathearbeit, vor der du Angst hast, für das Übergewicht, mit dem ein Mensch ringt und kämpft, für die Arbeitslosigkeit, die einen anderen getroffen hat und für die zerrütteten Familienverhältnisse, in denen sich ein anderer Mensch wiederfindet. Allerdings ist Jesus nicht nur für die schlimmen Erfahrungen zuständig,

auch das Gute will er mit uns teilen, wenn wir ihm danksagen und ihn loben für seine Güte und Treue.

Für diese ganz einfachen und für uns doch so wichtigen Momente und Probleme erklärt sich Jesus für zuständig und sagt uns: „Deine Probleme sind meine Probleme. Das worum du dir Sorgen machst, das mache ich mir zum Anliegen."

Dieses Angebot von Jesus ist vielleicht unglaublich, aber so lesen wir es in der Heiligen Schrift. Nun wie ist das aber bei uns? Wir suchen doch meistens die Lösung nicht bei Jesus. Wenn wir Eheprobleme haben, gehen wir zum Familienberater. Wenn wir Probleme mit unserem Computer haben, kontaktieren wir einen Fachmann und wenn es mit der Landwirtschaft nicht so klappt, fragen wir jemanden, der davon Ahnung hat. Ich will nicht sagen, dass diese Wege falsch sind, aber es ist die Frage, ob wir in und auf diesen Wegen im Gespräch mit Jesus sind und bleiben oder vor ihm davonlaufen.

Jesus kennt offensichtlich unsere Neigung, die Lösung nicht bei ihm zu suchen, obwohl er unmittelbar an unserer Seite steht. So ist es ja auch mit Philippus und Andreas in der Geschichte von der Speisung der 5000.

Die Leute sind alle zusammen gekommen und keiner weiß nun, was zu tun ist. 5000 Leute! Einfach unmöglich, so viele satt zu kriegen. Jesus fragt die beiden Jünger, Philippus und Andreas, nacheinander, was denn nun zu tun sei, als ob sie es doch irgendwie schon immer besser wüssten als Jesus selbst.

Darin können wir uns selbst erkennen und unseren Hang zu der Annahme: „Ich weiß es schon irgendwie besser als Jesus!" Andreas versucht es dann auch mit seinem mathematischen Geschick und versucht auszurechnen, was die fünf Gerstenbrote und die zwei Fische auf so viele Menschen verteilt denn ausrichten könnten. Aber auch damit kommt er eben nicht weit und muss zugestehen: Es wird wohl nicht für alle reichen.

Jesus kennt uns und weiß davon, dass auch wir es immer schon besser zu wissen meinen als er. Und das wunderbare daran ist, dass Jesus unserem Besserwissen sogar Raum gibt. Ja, er tadelt es noch nicht einmal. Und doch ist deutlich, dass uns diese Haltung eben nicht weiterhilft. Die Lösung dieses, und vieler unlösbarer Probleme liegt bei ihm.

Wir verstehen aber Jesus auch falsch, wenn wir meinten, dass er wie ein besserwisserischer Oberlehrer eben doch alles besser zu wissen meint, als wir. Sein Wissen und seine Weisheit kommt nicht auf uns herab, wie die eines Staatsbeamten, eines Lehrers oder eines Königs. Vor den Menschen, die Jesus am Schluss der Geschichte zum König machen wollen, weil er offensichtlich ihr Problem gelöst hat, und weil sie ahnen, dass das Problem des Lebens schlechthin in Jesu Weisheit verborgen liegt, flüchtet er. Wohl einfach aus dem Grunde, weil

Jesus diese Art von König, diese Art von Besserwisser und Herrscher nicht ist und auch nicht sein will.

Der Evangelist beschreibt einen ganz anderen Jesus, einen Jesus, der seinen Jüngern die Füße wäscht. Einen Jesus, der eine Ehebrecherin nicht verurteilt, sie aber vor der Steinigung und so vor einer unmenschlichen, aber wohl damals gängigen Rechtspraxis bewahrt und damit vor dem Tod. Jesus schenkt neues Leben. Er hindert nicht unsere Versuche, das Leben für uns besser werden zu lassen. Und er schilt uns nicht, wenn das einmal schief gehen sollte. Aber er kommt uns entgegen und will uns dienen, damit wir den richtigen Weg finden: das Leben, die Wahrheit und die Auferstehung zum ewigen Leben. Jesus hilft uns schließlich ihn selbst zu finden und damit und in ihm alles, was wir zum Leben brauchen, alles für dieses irdische Leben und für das zukünftige.

Wie macht Jesus das? Er zeigt es uns durch sein Beispiel. Mitten im Mangel, mitten in der Ausweglosigkeit, schaut er auf Gott und dankt ihm. Jesus schaut nicht auf die zwei Fische und fünf Brote, er blickt auch nicht auf die 5000 Menschen und das Problem der Verteilung, sondern er blickt auf zu Gott, mitten in der Not und findet Worte des Lobpreises. Er preist Gott für die Gabe von Brot und Fisch und schaut auf Gott, bei dem kein Mangel ist, keine Finsternis und keine Not. Jesus gibt den Menschen nicht nur Brot, sondern er führt sie zu dem, der selbst die Quelle des Lebens ist. Und diese Quelle des Lebens finden die Menschen nicht abseits, nicht in der Kaiserloge, nicht im ausverkauften Stadion oder im Kinosaal. Sondern auf dem Gras einer Wiese. Dort sitzen sie, schauen auf Jesus und sehen sich gegenseitig an, ohne Vorwürfe, ohne Verurteilungen, ohne Hass und sie sehen, dass der, der sie alle geschaffen hat, auch die Macht hat für ihr Leben zu sorgen. Amen.

Maria Magdalena (13.)

Predigt zum Weltgebetstag der Frauen zu Johannes 20,11-18
in der Evangelischen Kirchengemeinde Schönefeld (bei Berlin)

20 11 Maria aber stand draußen vor dem Grab und weinte. Als sie nun weinte, schaute sie in
das Grab 12 und sieht zwei Engel in weißen Gewändern sitzen, einen zu Häupten und den
andern zu den Füßen, wo sie den Leichnam Jesu hingelegt hatten. 13 Und die sprachen zu
ihr: Frau, was weinst du? Sie spricht zu ihnen: Sie haben meinen Herrn weggenommen, und
ich weiß nicht, wo sie ihn hingelegt haben.

14 Und als sie das sagte, wandte sie sich um und sieht Jesus stehen und weiß nicht, dass es
Jesus ist. 15 Spricht Jesus zu ihr: Frau, was weinst du? Wen suchst du? Sie meint, es sei der
Gärtner, und spricht zu ihm: Herr, hast du ihn weggetragen, so sage mir, wo du ihn hingelegt
hast; dann will ich ihn holen. 16 Spricht Jesus zu ihr: Maria! Da wandte sie sich um und
spricht zu ihm auf Hebräisch: Rabbuni!, das heißt: Meister!

17 Spricht Jesus zu ihr: Rühre mich nicht an! Denn ich bin noch nicht aufgefahren zum Vater.
Geh aber hin zu meinen Brüdern und sage ihnen: Ich fahre auf zu meinem Vater und zu eurem
Vater, zu meinem Gott und zu eurem Gott. 18 Maria von Magdala geht und verkündigt den
Jüngern: Ich habe den Herrn gesehen, und das hat er zu mir gesagt. (Lutherbibel 1984)

Liebe Gemeinde,

eine irgendwie unwirkliche Szene: Noch in der Dunkelheit kommt Maria von Magdala an das Grab Jesu. Findet das Grab offen. Benachrichtigt den Jünger Petrus und den Lieblingsjünger. Diese beiden rennen um die Wette zum Grab. Der Lieblingsjünger kommt zuerst an, bleibt aber an der Grabesöffnung stehen. Petrus kommt als zweiter zum Grab, läuft gleich hinein, sieht die Leinentücher, mit denen Jesus umgeben war und das Schweißtuch, ordentlich zusammengewickelt an einem besonderen Ort.

Bei Petrus und dem Lieblingsjünger scheint alles sehr schnell zu gehen. Sie kommen angelaufen, sehen sich den Ort an, und dann heißt es, der Lieblingsjünger geht ins Grab, sieht hinein und glaubte. Aber auch: Sie verstanden die Schrift noch nicht, dass Jesus von den Toten auferstehen müsse. Eine etwas unwirkliche Szene.

Bei Maria verhält es sich etwas anders. Sie hält an diesem unsicheren, von Tod und Leichengeruch umwehten Ort aus. So wie sie auch unter dem Kreuz beim Tode Jesu ausgeharrt hatte, so bringt sie auch hier die Kraft auf zu verharren, sich der Situation auszusetzen, Halt zu machen und weiter zu fragen. In ihrer Verzweiflung fragt sie nach, sie bohrt, sie will wissen, was das Ganze zu bedeuten hat. Und sie bleibt am Grab. Sie will Jesus nahe sein, ihrem Herren noch einen letzten Liebesdienst erweisen und sich um den Leichnam kümmern.

Wir wissen über das Leben der Maria von Magdala nicht viel. Und man hat versucht diese Lücke in der Geschichte der Kirche mit vielen Heiligenlegenden und Spekulationen zu schließen.

Lassen Sie uns bei dem biblischen Zeugnis bleiben: Maria hatte den irdischen Jesus gekannt, soviel ist sicher. Sie war zu ihm gekommen mit der Bitte um Heilung, denn sie hatte große gesundheitliche Probleme. Die Bibel spricht von Dämonen. Heute würden wir eher von psychischen oder psychosomatischen Problemen sprechen. Sie war zu Jesus gekommen und hatte Heilung erfahren. Sie war fortan eine Jüngerin geworden, war Jesus nachgefolgt, ja hatte sogar noch unter dem Kreuz ausgeharrt, sie war Zeugin des Leidens und des Todes Jesu. Wo waren Petrus und die anderen Jünger zu jener Stunde?

Maria ahnte und wusste, dass hier am offenen Grab die Geschichte Jesu nicht zu Ende sein konnte. Sollte der, der sie selbst von den Mächten des Bösen befreit hatte, der so vielen Menschen Heil gebracht hatte, von den Stricken des Todes nun gänzlich erstickt worden sein? Gegen alle rationalen Erklärungsversuche besteht sie darauf, Jesus nahe sein zu wollen. Sie erkennt nicht die Unmöglichkeit ihres Unterfangens, sieht nicht und will nicht sehen, wie einfältig ihre Fragen sind.

Ihr Ausharren, ihr Bleiben am Ort, den menschliche Grausamkeit geschaffen hat, hier, wo die politischen und religiösen Mächte ihren scheinbaren Triumph gefeiert haben, hält sie aus. Hier kommt Jesus auf sie zu und sagt: Maria, warum weinst du?

Jesus begegnet ihr aufs neue. Nun aber nicht als der irdische, sondern als der Auferstandene. Maria ist eine der ersten, die in das Mysterium des Auferstanden eingeweiht wird. Sie ist die erste Theologin, die sich der Frage ausgesetzt sieht, wie der irdische Jesus mit dem Auferstandenen zusammenpasst.

Und sie wird von Jesus zur Osterbotin berufen. Die Kraft, die ihr Heilung schenkte ist lebendig. Jesus ist nicht tot. Er ist auferstanden. Die Geschichte Jesu geht weiter, sein

Heilswerk, sein Reich will anbrechen. Die Menschen sollen davon wissen und Maria soll diese Botschaft ausrichten.

Sie, die ausgeharrt hatte unter dem Kreuz, die im Schatten des Todes sich nach Leben sehnte, wird aufgerichtet, bekommt neue Kraft, sieht Jesus in der Gestalt, wie er zukünftig allen Menschen nahe sein will und bekommt den Auftrag, an seinem zukünftigen Reich mit zu arbeiten.

Der Auferstandene weist sie zurück an ihre Geschichte mit dem Irdischen, an die Erfahrung des Heils und dies wird Maria zum Auftrag und zur Botschaft. Als der Auferstandene will Jesus Heil wirken, Menschen ermächtigen, ihre Zukunft in die Hand zu nehmen, für Frieden und Gerechtigkeit einzutreten und vom Anbruch des neuen Morgens nicht nur zu reden, sondern ein Stück Wirklichkeit des Reiches Gottes unter den widrigsten Umständen zu erleben. Der Auferstandene ruft Maria dazu, aufzustehen, weiterzumachen und an ihrer Hoffnung festzuhalten. Jesus macht sie nicht nur zur Botin eines neuen Dogmas, sondern zur Jüngerin einer neu anbrechenden Wirklichkeit, die mit sozialen Ungerechtigkeiten, Misshandlungen von Kindern, Benachteiligungen von Frauen und Ausbeutung von Männern keine Kompromisse eingeht. Sie wird zur Zeugin einer Kirche, die die Menschen nicht auf ein fernes Jenseits vertröstet, sondern ihnen Zugang verschafft zu der Wirklichkeit des auferstandenen Herrn Jesus Christus, der schon jetzt in dieser Welt sein Heilswerk mit allen Menschen beginnen will.

Die Theologin Susanne Ruschmann hat in Form eines Gedichtes versucht auszudrücken, worin die Bedeutung Marias liegt:[6]

Wendezeit

In der Wende

zwischen Schmerz und Trost

zwischen Trauer und Freude

zwischen Ende und Neubeginn

zwischen Tag und Nacht.

GOTTES BEGEGNUNG

---

[6] Susanne Ruschmann, Maria von Magdala, Stuttgart 2003, 53.

Beim Namen gerufen werden

Die Stimme des Anfangs hören
Umgekehrt werden

Von der Suche nach dem Toten

Zur Begegnung mit dem Leben

Neu ausgerichtet sein

Weil das Zwischen

Mit meinem Namen gefüllt ist

Weil in der Wende

Gott begegnet.

Amen.

Petrus und die eine Taufe (14.)

Predigt zu Johannes 21, 1-18 in den Dorfkirchen der Evangelischen Kirchengemeinden Schönefeld und Großziethen (bei Berlin)

10 1 Wahrlich, wahrlich, ich sage euch: Wer nicht zur Tür hineingeht in den Schafstall,
sondern steigt anderswo hinein, der ist ein Dieb und ein Räuber. 2 Der aber zur Tür
hineingeht, der ist der Hirte der Schafe. 3 Dem macht der Türhüter auf, und die Schafe hören
seine Stimme; und er ruft seine Schafe mit Namen und führt sie hinaus. 4 Und wenn er alle
seine Schafe hinausgelassen hat, geht er vor ihnen her, und die Schafe folgen ihm nach; denn
sie kennen seine Stimme. 5 Einem Fremden aber folgen sie nicht nach, sondern fliehen vor
ihm; denn sie kennen die Stimme der Fremden nicht. 6 Dies Gleichnis sagte Jesus zu ihnen;
sie verstanden aber nicht, was er ihnen damit sagte.

7 Da sprach Jesus wieder: Wahrlich, wahrlich, ich sage euch: Ich bin die Tür zu den Schafen.
8 Alle, die vor mir gekommen sind, die sind Diebe und Räuber; aber die Schafe haben ihnen
nicht gehorcht. (Lutherbibel 1984)

Liebe Gemeinde,

Petrus begegnet dem Auferstandenen. Um nichts Geringeres als gerade dies geht es in unserem Text. Erst einmal wissen die Jünger ja gar nicht, dass es Jesus ist, dem sie in seinen Anweisungen gefolgt sind. Sie haben eine wunderbare Erfahrung gemacht mit einem großen Fang. Und der Lieblingsjünger Johannes erkannte zuerst, dass es Jesus selbst war, der Auferstandene, der ihnen begegnet war. Er selbst, Jesus, hatte ihnen den Auftrag gegeben noch einmal hinaus zu fahren. Noch einmal den gleichen Versuch zu starten, der doch beim ersten Mal so kläglich gescheitert war. Doch dieses Mal und das ist der Unterschied, ist es Jesus, der das Wie und Wann des Fischfanges bestimmt, der ihnen direkt sagt, so und so sollt ihr es machen, es muss die rechte Seite des Bootes sein usw.

Was für eine innige Verbundenheit mit Jesus spricht aus diesem Text, dass die Jünger sich von Christus auch in den kleinsten Handlungen ihres Lebens, ihrer täglichen Arbeit, leiten lassen. Am Wunder, dass alles so gut läuft, horcht der Lieblingsjünger schließlich auf und erkennt, dass es ihr Meister ist. Ein anderer Jünger, Petrus nämlich, ist einer, der dann in dieser Situation entschlossen handelt. Sein Wille steht fest. Er will zu diesem Herrn. Nicht das Wunder, nicht der Fischfang, nicht der große Erfolg ist ihm wichtig, sondern Jesus allein. Er kleidet sich an und wirft sich ins Wasser. Nun will er zu ihm kommen, egal wie. Ob er schwimmen muss oder durchs Wasser waten kann - egal wie, er muss zu Jesus.

Petrus macht es uns vor, wie es in einem Christenleben sein kann. Wer einmal erlebt hat, dass Jesus an ihm handeln kann. Wer einmal erfahren hat, wie sich mit Jesus das ganze innere Leben erneuert, der kann nicht in stiller, meditativer Haltung seine Religion sehen. Er muss sich bewegen, er muss in die Welt und handeln, so wie Gott in der Welt ist und zu den Menschen unterwegs ist, so muss auch er heraus aus seinem ach so bequemen Element und will auf Jesus zugehen, auf den lebendigen Gott, der selbst nicht ruht, um seiner Erwählten willen in aller Welt.

Dass Jesus Christus das Leben verändern und unendlich reich machen kann, weil er uns mit dem Vater in Verbindung bringt, das ist zu wunderbar. Und wer es einmal geschmeckt hat, der wird sich entschließen, zu ihm zu kommen. Das ganze christliche Leben können wir beschreiben als eine Pilgerschaft auf dem Weg in die himmlische Heimat, zu Gott. *„Wir haben hier keine bleibende Stadt",* sagt der Hebräerbrief, *„sondern die zukünftige suchen wir.*" (Hebr 13, 14)

Petrus wirft sich ins Wasser. Er fällt nicht, das ist keine spontane Handlung, sondern er bekleidet sich und springt dann ins Nass. Die Handlung des Petrus können wir betrachten als einen Aufbruch in ein neues Leben. Und dieses neue Leben ist nicht ohne Widerstände, er weiß das, bereitet sich darauf vor und nimmt es in Kauf.

Solche Widerstände gibt es auch in unserem Leben, wenn wir Jesus nachfolgen wollen. Für manchen ist es gar nicht nötig, sich wie Petrus ins Wasser zu werfen. Viele Menschen leben schon in einer Situation, die viele Widerstände in sich birgt. Mit der Entscheidung, Jesus nachzufolgen, verschwinden aber nicht einfach alle diese Widerstände. Sie lösen sich nicht einfach ins Nichts auf. Aber sie können uns auch nicht daran hindern, zu Jesus zu kommen. Und auf keinen Fall können und werden sie Gott daran hindern, sich uns gegenüber als gnädig und barmherzig zu erweisen. Nicht unser Zweifel, nicht unsere Unentschlossenheit, nicht unser Glaube, nein, gar nichts kann und wird Gott daran hindern uns seine Liebe zu erweisen. Kein Schmerz, kein Verlust, kein sinnloses Fragen und auch nicht unsere Unentschlossenheit zum Gebet. Er ist und bleibt der Gott der Liebe, der sich mit unserer gebrochenen Realität und dem ungelösten Rätsel unseres Lebens nicht zufrieden gibt.

Liebe Gemeinde, wenn Petrus sich ins Wasser begibt, wenn er sich nicht darum kümmert, dass ihm die Welt in seiner Nachfolge im Wege steht, dann setzt er hier Zeichen. Es ist nicht alles gelöst, nicht alles ist bei Petrus schon auf dem Weg, nicht, dass er schon der geworden wäre, den Gott aus ihm machen will: Ein Fels. Das bedeutet ja der Name Petrus, das ist er noch nicht. Standhaftigkeit und Verlässlichkeit sind ihm noch fern. Aber die Richtung, in der er aufbricht und mit der er seinem Leben eine Ziel geben will, ist bereits festgelegt: Jesus Christus. Er, dieser eine, ist sein Ziel, seine Hoffnung, seine Zuversicht.

Liebe Gemeinde, dass einer ins Wasser geht oder geworfen wird, das ist in unserer Welt so häufig der Fall, wie nur irgendetwas. Und auch in der Bibel finden wir so viele Beispiele von Menschen, die ins Wasser gingen.

Es fängt gleich an mit Mose, dem großen Propheten des Volkes Israel, der als Säugling in ein Binsenkörpchen gelegt wurde, um auf dem Nil, ganz allein, den Soldaten des Pharaos zu entkommen, die den Auftrag hatten alle israelitischen Kleinkinder zu töten. Dass Mose ins Wasser ging bzw. gelegt wurde, war seine Rettung. So wurde er von der Tochter des Pharaos gerettet und wuchs am Hofe des Königs von Ägypten auf.

Jona, der unwillige Prophet, wurde von den Bootsleuten auf der Fahrt nach Tarsis, auf der Flucht zum Ende der damaligen bekannten Welt, über Bord geworfen und den Wellen geopfert. Sie hatten herausgefunden, dass es Jona war, der seinem Gott, dem Herrn des Himmels und der Erde, nicht folgen wollte und deshalb ein Sturm aufkam, der alle zu verschlingen drohte. Jona ging ins Wasser: „*Werft mich ins Meer!*“ (Jona 1, 12) rief er. Doch sein Fall ins kühle Nass wurde abgefedert durch die gnädige und barmherzige Hand Gottes. Jona wurde gerettet. Und durch die Neuausrichtung seines Lebens, mit seinem Neuanfang durchs Wasser hindurch haben viele Tausend Menschen von der Barmherzigkeit und Güte Gottes erfahren. Jona war dann doch nach Ninive gegangen und hatte dort angefangen zu predigen.

Dann lesen wir im 2. Buch der Könige, wie einer ins Wasser geht. Der Feldhauptmann der Aramäer geht zu Elisa, dem Propheten, um sich heilen zu lassen. Durch einen Boten lässt Elisa dem Naaman ausrichten, er solle in den Jordan steigen und siebenmal untertauchen. Dieser hochgestellte Mann wird zornig. Er denkt sich, was soll das? Elisa bequemt sich noch nicht einmal dazu mich persönlich zu empfangen. Stattdessen fertigt er mich durch seinen Diener ab. Und dann, was soll das mit dem Jordan? Kein besonderer Fluß? Oder? Wasser haben wir doch auch im Aramäerreich. Und das mehr als genug. Sind nicht die Flüsse von

Damaskus, Abana und Parpar besser als alle Wasser in Israel, sodass ich mich in ihnen waschen und rein werden könnte? Nun, Naama hat es nicht verstanden. Es musste der Jordan sein. Nach einigem hin und her, stieg er ja doch in die Fluten des Jordan, tauchte siebenmal unter und wurde gesund.

Schließlich sehen wir im Neuen Testament Johannes den Täufer, wie er am Jordan steht und ganz Jerusalem, sowie das ganze judäische Land zu ihm hinauskommt und sich taufen lässt. Keine bequeme Botschaft hat Johannes für die Menschen, aber ein Wasser, das hilft, das reinigt und den Menschen von innen heraus auch für das Äußere erneuert.

Doch damit nicht genug: Zu ihm kommt Jesus. Jesus selbst steigt ins Wasser. „Johannes, du musst mich taufen." Doch Johannes wehrt ab. Jesus selbst ist es ja, der mit Feuer und mit Geist die Menschen taufen wird. Er selber wird durch seinen Tod und seine Auferstehung die Menschen neu machen. „Nein, du musst mich taufen, Jesus." Doch Jesus geht, so wie alle Menschen, den Weg zur Taufe. Er lässt sich von Johannes taufen.

Hier am Jordan werden wir Zeugen des ersten Taufgespräches, des ersten theologischen Streitgespräches über den Sinn und die Bedeutung der Taufe. Heute versammeln sich immer mehr verschiedene Kirchen an einem Tisch, um gemeinsam zu bekennen, es ist nur *„ein Herr, ein Glaube, eine Taufe.*" (Eph 4,5)

Und die jüngste Entwicklung zeigt, dass sogar die Gemeinschaft der Christen, die sich nach der Taufe nennen, die Baptisten, das Wort kommt vom griechischen *„baptizein*": taufen, gesprächsbereit mit anderen Kirchen Gemeinschaft suchen.

Nein, es ist nur zu verständlich, wenn sich Petrus hier ins Wasser wirft und damit zum Ausdruck bringt: Herr, ich will erneuert werden, mache du mein Leben neu, hilf du mir laufen, wo es keinen Weg gibt, wo ich nicht sehe, wie es weitergehen kann. Aber du, Herr, bist der Weg. Und darum gehe ich. Du bist da. Das ist genug." Spricht Petrus, zieht sich an, und geht ins Wasser.

Gottes Hände sind da. Sie werden uns tragen und auffangen. Von vorn uns leiten, von hinten uns decken, von oben uns schützen, von unten uns tragen. Denn wir haben einen Gott, der da hilft. *„Rufe mich an in der Not, spricht Gott, der Herr, so will ich dich erretten und du sollst mich preisen*" (Psalm 50,15). Amen.

III. Epistelpredigten:

Gottes Willen erkennen (15.)

Predigt über Apostelgeschichte 1, 15-26 in der Evangelisch-methodistischen Kirche Baden (Schweiz)

1 15 Und in den Tagen trat Petrus auf unter den Brüdern – es war aber eine Menge beisammen von etwa hundertzwanzig – und sprach: 16 Ihr Männer und Brüder, es musste das Wort der Schrift erfüllt werden, das der Heilige Geist durch den Mund Davids vorausgesagt hat über Judas, der denen den Weg zeigte, die Jesus gefangen nahmen; 17 denn er gehörte zu uns und hatte dieses Amt mit uns empfangen. 18 Der hat einen Acker erworben mit dem Lohn für seine Ungerechtigkeit. Aber er ist vornüber gestürzt und mitten entzweigeborsten, sodass alle seine Eingeweide hervorquollen. 19 Und es ist allen bekannt geworden, die in Jerusalem wohnen, sodass dieser Acker in ihrer Sprache genannt wird: Hakeldamach, das heißt Blutacker. 20 Denn es steht geschrieben im Psalmbuch (Psalm 69,26; 109,8): »Seine Behausung soll verwüstet werden, und niemand wohne darin«, und: »Sein Amt empfange ein andrer.« 21 So muss nun einer von diesen Männern, die bei uns gewesen sind die ganze Zeit über, als der Herr Jesus unter uns ein- und ausgegangen ist 22 – von der Taufe des Johannes an bis zu dem Tag, an dem er von uns genommen wurde –, mit uns Zeuge seiner Auferstehung werden.

23 Und sie stellten zwei auf: Josef, genannt Barsabbas, mit dem Beinamen Justus, und Matthias, 24 und beteten und sprachen: Herr, der du aller Herzen kennst, zeige an, welchen du erwählt hast von diesen beiden, 25 damit er diesen Dienst und das Apostelamt empfange, das Judas verlassen hat, um an den Ort zu gehen, wohin er gehört. 26 Und sie warfen das Los über sie und das Los fiel auf Matthias; und er wurde zugeordnet zu den elf Aposteln.

(Lutherbibel 1984)

Liebe Gemeinde,

niemand würde heute so eine Wahl eines Geistlichen vornehmen. Diese Art der Wahl kann man sich heute weder in einer lutherischen, reformierten, methodistischen, katholischen oder orthodoxen Kirchen vorstellen. Aber ich kenne auch keine Freikirche oder Pfingstkirche, die ähnlich wie in der Apostelgeschichte einen Gemeindevorsteher, Pfarrer oder Geistlichen durch Lose wählt.

Das Verfahren ist für uns einfach heute nicht mehr denkbar. Es trägt den Schein des Orakelwesens in der Antike und der Gottesurteile im Alten Testament. Bei den Römern war es üblich, aus dem Picken der Hühner sich Rat zu holen. Und auch im Alten Testament gibt es so manches, für uns heute schwer nachvollziehbare Verfahren, z.B. um die Unschuld oder Schuld einer Ehebrecherin zu erweisen. Wir kennen solche Gottesurteile heute noch aus der Geschichte des Mittelalters und aktuell höchsten nur noch aus Comic-Serien.

Wenn wir aber einmal von den zeitbedingten Formen jener Wahl absehen und das grundsätzliche Verfahren und die Fragen untersuchen, vor denen die Apostel stehen, können wir den Prozess durchaus nachvollziehen, ja ihn sogar als vorbildlich erkennen.

Die schwierige Frage, die es für die Apostel zu lösen galt, war die nach dem Willen Gottes. Wer soll nun die Stelle des Judas einnehmen? Wen erwählt Gott für dieses Amt? Natürlich braucht es für den Nachfolger von Judas eine göttliche Legitimation und so stellt sich die Frage nach einem Verfahren, durch das man sicher zu Gottes Willen vordringen kann. Aber auch für uns stellt sich in verschiedenen Lebenssituationen die Frage nach dem Willen Gottes, sei es bei der Berufswahl, der Wahl des Lebenspartners oder der Wahl der Kirche. Dann stellt sich die Frage, wie entscheiden wir? Gehen wir nach dem Bauchgefühl? Versuchen wir die Frage eher mit unserem Verstand zu lösen? Und was sagt eigentlich Gott dazu? Wir fragen uns dann auch vielleicht, wie denn unser Wille mit dem Willen Gottes zusammenhängt? Hat uns Gott schon immer etwas von seinem Wunsch und Begehren auch mit ins Herz gelegt, oder widerspricht unser Wille dem Willen Gottes, und wie entscheiden wir das und wie können wir es erkennen? Bei der Frage nach dem Willen Gottes gehen einem so manche Fragen durch den Kopf und einfach ist diese Aufgabe nicht. Dies ist vielleicht die erste und einfachste Regel, die es bei diesem Prozess anzuwenden gilt: Es gibt keine einfache Lösung. Und mein persönlicher Rat ist in diesen Angelegenheiten, wenn es jemand geben sollte, der mit dem Brustton der Überzeugung behaupten sollte, dies oder jenes sei der Wille Gottes, glauben sie ihm nicht! Die Sache ist ein schwieriges Unterfangen und niemand, der aus solch einem Prozess herauskommt, ist ein strahlender Sieger.

Auch bei den Jüngern in der Apostelgeschichte ist es ja nicht so, dass hier einer alleine entscheidet und hervorprescht und den anderen auf einmal auf die Nase bindet, was der Wille Gottes ist, z.B. Petrus. Nicht mal er besitzt das Charisma in dieser entscheidenden Situation, unfehlbar den Willen Gottes anzuzeigen. Und er weiß es.

Stattdessen suchen die Brüder nach einem Verfahren, das für sie Gewissheit bringen kann.

Das ist nur allzu realistisch und entspricht dem Wesen des christlichen Glaubens, der sich in der Geschichte entwickelt durch Erfahrung und Reflektion. Und doch wissen auch die ersten Christen hier etwas von einer unmittelbaren Einwirkung oder Inspiration Gottes, aber eben nicht so, als würde sie durch einen autoritären Erlass gegeben.

Aber das Verfahren, den Prozess, den sie anstreben halten sie für biblisch. Denn die Wahl des Apostels steht natürlich in direkter Verbindung mit dem Schicksal des Judas, der, nach dem Wort der Propheten und der Heiligen Schrift, seinen Weg gegangen ist, wie es im Voraus gesagt worden war, wie es offensichtlich Gottes Willen entsprochen hat. Dieses war so geschehen, so wie es Gottes Wort vorausgesagt hatte, und nun sollte auch die Nachwahl in gleicher Weise verhandelt werden, eben gemäß dem Willen und Worte Gottes.

Doch gemäß des Willens und Wortes Gottes? Was heißt das denn? Nicht selten versuchen es manche Christen einfach mal mit Bibelaufschlagen. Unter Theologen und Pfarrern geht da ein christlicher Witz um: Es hätte jemand mal die Methode angewandt, habe mit geschlossenen Augen in seiner Bibel geblättert und dann mit dem Finger auf eine Stelle gezeigt und sei auf die Stelle gestoßen: „*Und er ging hin und erhängte sich.*“ (Mat 27,5) Nicht so ganz zufrieden mit dieser Bibelstelle….mmh, aber er hatte es noch nicht aufgegeben, blätterte ein zweites Mal, stach erneut mit dem Finger ins Buch und…..“*gehe hin und handle ebenso*!“ (Lk 10,37)

Also, mit einem einfachen Wort aus der Bibel ist es nicht getan, nicht mit dieser oder jener irgendwie orakelhaften Weise und sei sie auch noch so einfach.

Eine andere landläufige Meinung besteht auch noch darin, dass die Frage nach dem Willen Gottes gänzlich nichts, aber auch gar nichts mit uns zu tun hat, mit dem, was wir wollen, denken fühlen, wonach wir uns sehnen.

In unserer Geschichte von der Apostelwahl ist deutlich, dass es sich um eine sehr eingeschränkte Wahl handelt. Die Apostel treffen erst einmal grundlegende Vorentscheidungen für diese Wahl und stellen ganz klare Kriterien auf, die eben auch nach ihrem besten Wissen und Gewissen, wohl dem Willen Gottes entsprechen sollen. Dieser 12. von den Jüngern, der hier gewählt werden soll, muss einer sein, der von Anfang an dabei war, der Zeuge sein kann, von Johannes dem Täufer an bis zur Himmelfahrt. Er soll die ganze Zeit dabei gewesen sein und nur so könne er von der Auferstehung Zeugnis ablegen.

Schließlich kommen sie auf zwei Männer, auf Joseph, genannt Barsabbas, der nach jüdischer Gepflogenheit den Beinamen Justus trägt. Barsabbas bedeutet so viel wie „Sohn des

Sabbas" oder vielleicht auch „am Sabbat geboren". Und Justus heißt „der Gerechte" und ist ein häufig geführter Beiname. Und sie kommen auf einen zweiten, auf Matthias. Beide Männer sind im ganzen Neuen Testament nicht weiter erwähnt. Die spätere christliche Legendenbildung rechnet Joseph zu den 70 Jüngern. Das Papiasfragment, ein altes christliches Dokument, erzählt noch weiteres legendenhaftes über ihn. Zu Matthias ist uns außer seiner jüdischen Herkunft nichts persönliches weiter bekannt.

Die Brüder setzen hier also eine Vorentscheidung und bitten Gott, bei der Frage nach seinem Willen, nach Rat über einen ganz engen Bereich, den sie eigentlich schon vorentschieden haben. Es könne ja nur einer von diesen beiden Männern sein.

Ein anderes Beispiel aus dem Alten Testament zeigt, dass es auch anders laufen kann. Bei der Auswahl des Königskandidaten zum Nachfolger Sauls z.B., werden ja alle Söhne Isais dem Samuel vorgeführt. Fast alle, eben bis auf David, der als zu jung, noch zu unerfahren gilt, und man ihn deshalb von dem Prozess gleich ganz ausschließen möchte. Aber auf keinen von denen, die vorgeführt werden, hat Gott seine Wahl gesetzt. Sondern die Wahl trifft auf David.

Hier in der Apostelgeschichte kooperiert Gott mit dem Entscheidungswillen der Apostel. Was sie wollen und denken ist Gott nicht egal. Er sieht auf ihre Gedanken, ihre Sorgen und ihren Willen, um das Ziel, das sie erreichen wollen: einen Zeugen für die Auferstehung Christi zu finden.

Gott ist es nicht egal, was wir wollen, was wir denken, worum wir uns Gedanken machen. Wenn wir nach dem Willen Gottes fragen, fragt Gott nach unserem Willen, nach unseren Gedanken und unserer Befindlichkeit. Gott ist auch dann nicht ein Diktator und wir keine Marionette in seinen Händen, auch wenn wir nach seinem Willen fragen.

Jetzt sind die Bedingungen geklärt. Und das eigentliche Verfahren kann beginnen. Otto Dibelius erklärt die Wahl in seinem Kommentar zur Apostelgeschichte wie folgt:[7] Hier wird mit Stimmzetteln gewählt. Es heißt „Sie gaben Lose". Also schrieb jeder von den Brüdern einen Namen auf ein Los und sie legten sie dann zusammen. Dann wurde aus den Losen gewählt. Und wer gezogen wurde, war gewählt. Die Lose waren wahrscheinlich Tonscheiben oder Steine. Auch hier liegt wieder ein Teil der Entscheidung bei den Menschen. Durch das Schreiben der Lose findet so etwas wie eine Vorwahl statt. Und natürlich hat der Kandidat mit den meisten Losen die besten Chancen, auch gewählt zu werden. Obwohl eben die Wahl auch anders ausgehen kann.

[7] Otto Dibelius, Die Werdende Kirche, 22ff.

Vor dem Wahlgang beten die Brüder.

Was wird geschehen sein in diesem Gebet? Den Brüdern wird noch einmal das Herz und der Sinn geweckt für den Willen Gottes und für das, was sie für richtig empfinden. Beides ist hier eng miteinander verwoben. Und doch überlassen sie alles dem Willen Gottes. Sie wissen, es ist ein barmherziger Gott, kein Despot, an den sie sich wenden. Sie wissen, dass er ihre Gedanken, Sorgen, auch Vorlieben kennt. Und dass er ihnen auch so manchen Rat und Wink schon in ihr Herz gelegt hat. Im Prozess des Betens, des miteinander Nachdenkens, im Prozess des aufeinander Hörens offenbart sich für sie der Wille Gotte, der alles recht zu lenken weiß. Und doch wissen sie, dass sie selbst von diesem Gott nicht aus der Verantwortung gezogen sind auch selbst zu entscheiden, ihre Entscheidung klar zu fällen und in die Wagschaale zu legen. Er ist nicht ein Gott, der alles besser weiß, sondern er ist der Gott, der in Jesus Christus für sie ans Kreuz ging. und der sie so oder so in ihrer Entscheidungsnot und in ihrer Verantwortung nicht allein lässt und der mit ihnen ist, in ihren Herzen, in ihren Gedanken, sodass sein Wille geschieht. Amen.“

Die Seminarstraße mit der Methodistischen Kirche Baden (Schweiz)

Feuer und Flamme (16.)

Predigt zu Pfingsten in den Dorfkirchen der Evangelischen Kirchengemeinden Schönfeld und Großziethen (bei Berlin) über Apostelgeschichte 2, 1-18

Es donnerte über unseren Köpfen. Es war nicht das erste Mal. Aber nun hielt es uns nicht länger. Trotz Nieselregen und unangenehmen Temperaturen machten sich die ersten auf und stießen ins Freie.

Es war Kinderkirchentag hier in Schönefeld. Und zugleich tobte die ILA, die Internationale Luft- und Raumfahrtausstellung. Das heißt, so richtig konnten die Flugzeuge an diesem Tag doch nicht toben, denn das schlechte Wetter stand dem allzu großen Trubel am Himmel entgegen. Doch ab und zu flogen sie über unser Gemeindehaus, die Starfighter, Kleinmaschinen und Helikopter sah man in der Ferne. Konnte man es denn den Kindern, Jungen und Mädchen übel nehmen, wenn sie heute einmal so einen Flieger aus der Nähe sehen wollten. Flugzeuge, die sie sonst nur aus dem Fernsehen oder von ihren Quartett-Karten her kannten.

Und so standen wir fast eine halbe Stunde auf einem kleinen nassen, glitschigen Hügel, jenseits des Gemeindehauses und versuchten uns als Bewunderer der neusten Fluggeräte. Erwartungsvoll reckten sich die Kinderhälse und Augen in die Höhe, in den Himmel. Was für ein Donnern, was für ein Gefühl, wenn dann so ein Starfighter an einem vorbeiflog? War das nun der Eurofighter? Niemand wusste es so genau.

Von einem Donnern und Brausen im Himmel erzählt auch die heutige Geschichte, die uns vom Pfingsterlebnis berichtet. Wir entnehmen sie aus der Apostelgeschichte, dem 2. Kapitel, den Versen 1-18.

2 1 Und als der Pfingsttag gekommen war, waren sie alle an einem Ort beieinander. 2 Und es
geschah plötzlich ein Brausen vom Himmel wie von einem gewaltigen Wind und erfüllte das
ganze Haus, in dem sie saßen. 3 Und es erschienen ihnen Zungen, zerteilt wie von Feuer; und
er setzte sich auf einen jeden von ihnen, 4 und sie wurden alle erfüllt von dem Heiligen Geist
und fingen an zu predigen in andern Sprachen, wie der Geist ihnen gab auszusprechen.

5 Es wohnten aber in Jerusalem Juden, die waren gottesfürchtige Männer aus allen Völkern
unter dem Himmel. 6 Als nun dieses Brausen geschah, kam die Menge zusammen und wurde
bestürzt; denn ein jeder hörte sie in seiner eigenen Sprache reden. 7 Sie entsetzten sich aber,
verwunderten sich und sprachen: Siehe, sind nicht diese alle, die da reden, aus Galiläa? 8
Wie hören wir denn jeder seine eigene Muttersprache? 9 Parther und Meder und Elamiter

und die wir wohnen in Mesopotamien und Judäa, Kappadozien, Pontus und der Provinz Asien,
10 Phrygien und Pamphylien, Ägypten und der Gegend von Kyrene in Libyen und
Einwanderer aus Rom, 11 Juden und Judengenossen, Kreter und Araber: wir hören sie in
unsern Sprachen von den großen Taten Gottes reden.

12 Sie entsetzten sich aber alle und wurden ratlos und sprachen einer zu dem andern: Was
will das werden? 13 Andere aber hatten ihren Spott und sprachen: Sie sind voll von süßem
Wein.

14 Da trat Petrus auf mit den Elf, erhob seine Stimme und redete zu ihnen: Ihr Juden, liebe
Männer, und alle, die ihr in Jerusalem wohnt, das sei euch kundgetan, und lasst meine Worte
zu euren Ohren eingehen! 15 Denn diese sind nicht betrunken, wie ihr meint, ist es doch erst
die dritte Stunde am Tage; 16 sondern das ist's, was durch den Propheten Joel gesagt worden
ist (Joel 3,1-5):

17 »Und es soll geschehen in den letzten Tagen, spricht Gott, da will ich ausgießen von
meinem Geist auf alles Fleisch; und eure Söhne und eure Töchter sollen weissagen, und eure
Jünglinge sollen Gesichte sehen, und eure Alten sollen Träume haben; 18 und auf meine
Knechte und auf meine Mägde will ich in jenen Tagen von meinem Geist ausgießen, und sie
sollen weissagen. (Lutherbibel 1984)

Was soll das werden? Nun, liebe Gemeinde, es gibt doch Momente in unserem Leben, die durch eine besondere Erfahrung herausstechen. Tage, Zeiten, Orte, Begegnungen bei denen wir das Gefühl haben, von etwas Größerem angerührt zu werden. Oftmals kann es die Begegnung mit einem Menschen sein. Vielleicht auch ein Abschied. Wie gestalten wir eigentlich Momente der Begegnung, die in sich eine Dimension des Höheren, Größeren, Überweltlichen in sich bergen?

Wenn zwei Menschen sich verabschieden, kann dieser Abschied eine besondere Bedeutung gewinnen. Jesus hatte sich auch von seinen Jüngern verabschiedet. Und der Evangelist Johannes weiß diesen Abschied Jesu von seinen Jüngern sogar besonders literarisch zu würdigen. Es stellt Abschiedsworte Jesu zu den sogenannten Abschiedsreden zusammen. Aus diesem Teil des Johannesevangeliums stammt die heutige Evangeliums-Lesung über den Heiligen Geist.

Wenn man sich in Japan verabschiedet, sagt man „*ki o tsukete*“! Das ist ein denkwürdiger Ausdruck. Das heißt so viel wie „*pass gut auf dich auf*“, oder „*mach's gut!*“. Aber wortwörtlich übersetzt heißt es: „*Achte auf den Geist!*“ Nun, ich weiß natürlich nicht ganz genau, was Japaner selbst unter diesem „*ki*", dtsch. Geist, verstehen, und was sie eigentlich genau damit meinen. Ich verstehe diese Ermunterung, Ermutigung und Ermahnung als Aufforderung auf den Geist Jesu, auf den Heiligen Geist zu achten, der ja in unsere Herzen ausgegossen ist durch die Taufe.

Alle großen Männer der Bibel haben in ihrem Leben gelernt, auf diesen Geist zu achten, ihn zu vernehmen, durch ihn gestärkt zu werden und an ihm zu wachsen. Ich erinnere hier nur an Mose und an die berühmte Geschichte vom brennenden Dornbusch. Hier vernahm Mose die Stimme Gottes. Ja, Gott sprach zu ihm, wie mit einem Freund von Angesicht zu Angesicht, heißt es später. Und dort im Dornbusch sieht Mose die Flamme, die brennt, sich aber nicht verbrennt. Es ist eine Flamme, Feuer von Gott. Es ist Gott selbst, der Feuer und Flamme ist für sein Volk. Der das Schreien der Israeliten gehört hat, ihre Not und Drangsal, und der nun Mose beruft, um sie aus dem Sklavenhaus zu führen.

Gott ist Feuer und Flamme für sein Volk. Aus Liebe brennt er für die Jünger Jesu, und der Heilige Geist fährt auf sie herab. Gottes Liebe ist auch heute Feuer und Flamme für Dich und für mich. Das Feuer seiner Liebe ist nicht erloschen, das Wehen seines Geistes ist lebendig und will hier und heute Einzug halten. Gott ist Feuer und Flamme für sein Volk und für die Menschen dieser Welt.

Für diese Botschaft von der Liebe Gottes schickt er seine Jünger aus in alle Richtungen. Freilich wissen sie noch nicht ganz, wie es um die Sendung des Heiligen Geistes genau bestimmt ist, und dass er auch alle Völker zu sich ziehen will. In unserer Geschichte sind es ja erst einmal Gottesfürchtige und Juden aus allen Völkern. Aber im Laufe der Geschichte der Ausbreitung des Heiligen Geistes wird auch den Jüngern klar: die Sendung des Heils gilt allen Völkern.

Die Jünger tun erst einmal, was ihnen der Heilige Geist eingibt, zu was er sie befähigt. Und allein schon diese erste Gabe des Geistes bringt die Menschen damals in große Bestürzung und Verwirrung. Der Heilige Geist gibt den Menschen ein, in anderen Sprachen zu sprechen. Das große Verwirrspiel der verschiedenen Sprachen, der Fluch der Strafe vom Turmbau zu Babel wird überwunden. Die Sprachen sind nicht mehr trennende Barriere zwischen den einzelnen ethnischen Gruppen, sondern werden selbst zum Medium der Sprachfähigkeit über die großen Taten und Wunder, die Gott in dieser Welt vollbracht hat und noch vollbringt.

Aber nicht dieses Loben und Preisen, dieses Predigen ist das eigentliche Wunder von Pfingsten, sondern das Medium, in dem dies alles geschieht. Wir haben es sozusagen mit einem Medienwundern zu tun. „The medium is the message," so lautet ein Titel von Marshall McLuhan[8], einem Philosophen, der sich viele Gedanken über den Gebrauch der Medien in der Verkündigung gemacht hat. „The medium is the message". "Das Medium ist die Botschaft." D.h. doch, entscheidend ist, wie ich es sage. Der Ton macht die Musik. Und auf Pfingsten übertragen: Der Heilige Geist stimmt den Ton an für die Jünger. Und sie nehmen das Medium auf, das ihnen gegeben wird.

In einem Gospelsong wird dieser Zusammenhang zwischen „Erfahrung des Heiligen Geistes" und Wahl des Sprechens und Handelns auf ganz einfache Weise reflektiert.

Da heißt es:

„I'm gonna sing, when the Spirit says sing.

I''m gonna sing, when the Spirit says sing.

I'm gonna sing, when the Spirit says sing.

And obey the Spirit of the Lord."

Übersetzt: Ich singe, wenn der Geist sagt "sing!".

Und so folge ich dem Geist des Herrn.

Die zweite Strophe:

„I'm gonna pray, when the Spirit says pray.

I'm gonna pray, when the Spirit says pray.

I'm gonna pray, when the Spirit says pray.

And obey the Spirit of the Lord. "

"I'm gonna dance, when the Spirit says dance.

I'm gonna dance, when the Spirit says dance.

I'm gonna dance, when the Spirit says dance.

[8] Marshall McLuhan, Das Medium ist die Botschaft, Dresden 2001.

And obey the Spirit of the Lord."[9]

Der Geist bestimmt das Medium, die Art und Weise in der ich sprechen soll. Und das Medium für die Jünger damals waren „die anderen Sprachen". Ja, liebe Gemeinde, können wir das nicht auch heute mit Hilfe des Heiligen Geistes? Ermutigt und ermöglicht er uns nicht auch heute in „anderen Sprachen" zu sprechen? Vielleicht haben sie nicht das Talent, und auch nicht die Zeit, eine Fremdsprache zu lernen. Aber fremd in ihrem Denken und Sprechen sind uns ja oft auch Menschen, welche die gleiche Mundart haben wie wir. Verstehen ist da oft nicht eine Sache der Worte, sondern der Bereitschaft und des Willens, sich in jemand anders hineinzuversetzen, in sein Denken, in seine Gefühle, seine Lebenssituation und seine Sprache. Sei sie auch noch so absurd für uns. Der Heilige Geist gibt uns die Kraft, die Sprache ganz fremder Menschen zu sprechen. Wir brauchen nicht auf unseren Glaubenssätzen und unserer Philosophie und Vorstellungen vom gelingenden Leben zu pochen. Wir können unseren Geist weit öffnen für das Denken anderer. Vielleicht ist die Sprache, die andere dann am besten verstehen, erst einmal Schweigen, Zuhören. Und dann können wir reden, wenn wir gelernt haben, die Gefühle und Probleme unseres Gegenübers zu ertasten.

Bei solchem Reden kann es dann wohlmöglich unter der Einwirkung des Geistes zu einem Pfingstwunder kommen. Der Heilige Geist hat mich verändert für andere. Und mein Gegenüber erfährt: „Der versteht mich! Der weiß, wovon ich rede, der kennt meine Gefühle, und kann sie sogar besser ausdrücken als ich selbst."

So ein Sprachenwunder ist möglich, auch heute, auch bei uns! Gott ist in seiner Liebe Feuer und Flamme für sie und für mich, aber auch für alle die Menschen, von denen wir glauben, dass ihre Sprache und ihre Denkweise unendlich fern von der unseren ist.

„*Achten sie auf den Geist*!" „*Ki o tsukeru*", sagt man im Japanischen.

„*Achten sie auf den Geist!*"

Ein halbes Stündchen hatte der kleine Pulk von Kindern und ich auf dem kleinen, glitschigen, nassen Hügel hinter dem Pfarrhaus ausgeharrt. Viel zu wenige Flugzeuge kamen an uns vorbei. Schade! Dann drang B.'s Stimme an unser Ohr: „Reinkommen! Gottesdienst!" Na gut, dachten wir. Es war sowieso nicht mehr viel zu sehen.

---

[9] Siehe auch: Gesangbuch der Evangelisch-methodistischen Kirche, 219.

Wir gingen in die Kirche und hatten einen sehr schönen Gottesdienst mit 40/50 Kindern. Der Renner an diesem Tag war wohl ein Lied vom Dackel Waldemar. Und gestern sprach mich ein Kind an, das sich noch sehr gut und sehr gerne an dieses Lied erinnerte. Es ging etwa so: „Mein Dackel Waldemar und ich, wir zwei, wir wohnen Regenbogenstraße 3, und wenn wir abends eine Runde drehn, kann man die Dackelbeine wackeln sehn.“

Ich glaube, liebe Gemeinde, hätte uns irgendjemand bei unserem Dackellied beobachtet, der nicht gewusst hätte, dass wir hier Kinderkirchentag hatten, der hätte bestimmt gedacht:

„*Sind die denn voll des süßen Weines*?“Amen.

Dorfkirche in Großziethen (bei Berlin).

Das „Ich-will“ Gottes (17.)

Predigt zum 6. Sonntag nach Trinitatis über Apostelgeschichte 8, 26-39 in den Evangelischen Kirchengemeinden Schönefeld und Großziethen

*8 26 Aber der Engel des Herrn redete zu Philippus und sprach: Steh auf und geh nach Süden
auf die Straße, die von Jerusalem nach Gaza hinabführt und öde ist. 27 Und er stand auf und
ging hin. Und siehe, ein Mann aus Äthiopien, ein Kämmerer und Mächtiger am Hof der
Kandake, der Königin von Äthiopien, welcher ihren ganzen Schatz verwaltete, der war nach
Jerusalem gekommen, um anzubeten. 28 Nun zog er wieder heim und saß auf seinem Wagen
und las den Propheten Jesaja.*

*29 Der Geist aber sprach zu Philippus: Geh hin und halte dich zu diesem Wagen! 30 Da lief
Philippus hin und hörte, dass er den Propheten Jesaja las, und fragte: Verstehst du auch, was
du liest? 31 Er aber sprach: Wie kann ich, wenn mich nicht jemand anleitet? Und er bat
Philippus, aufzusteigen und sich zu ihm zu setzen. 32 Der Inhalt aber der Schrift, die er las,
war dieser (Jesaja 53,7-8): »Wie ein Schaf, das zur Schlachtung geführt wird, und wie ein
Lamm, das vor seinem Scherer verstummt, so tut er seinen Mund nicht auf. 33 In seiner
Erniedrigung wurde sein Urteil aufgehoben. Wer kann seine Nachkommen aufzählen? Denn
sein Leben wird von der Erde weggenommen.« 34 Da antwortete der Kämmerer dem
Philippus und sprach: Ich bitte dich, von wem redet der Prophet das, von sich selber oder von
jemand anderem? 35 Philippus aber tat seinen Mund auf und fing mit diesem Wort der Schrift
an und predigte ihm das Evangelium von Jesus.*

*36 Und als sie auf der Straße dahinfuhren, kamen sie an ein Wasser. Da sprach der
Kämmerer: Siehe, da ist Wasser; was hindert's, dass ich mich taufen lasse? 38 Und er ließ
den Wagen halten und beide stiegen in das Wasser hinab, Philippus und der Kämmerer, und
er taufte ihn. 39 Als sie aber aus dem Wasser heraufstiegen, entrückte der Geist des Herrn
den Philippus und der Kämmerer sah ihn nicht mehr; er zog aber seine Straße fröhlich.*

(Lutherbibel 1984)

Liebe Gemeinde,

vielleicht kennen sie auch solche Tage: man steht frühmorgens auf, viel zu spät, der Wecker hat nicht geklingelt. Man hastet sich das Frühstück hinunter, eilt, verpasst den Bus, kommt aber gerade noch rechtzeitig zur Arbeit. Dort erfährt man, der Arbeitskollege ist krank.

Wieder einmal Arbeit für zwei. Die Kette der unpässlichen Ereignisse will nicht abreisen. Man neigt innerlich zum Aberglauben. Doch es ist nicht Freitag und auch kein dreizehnter. Was ist nur los?

Ganz im Gegensatz zu dieser Erfahrung steht unsere Geschichte vom Kämmerer aus Äthiopien, dessen Bekehrung in der Begegnung mit Philippus. Dort will alles scheinbar nahtlos sich einstellen. Alles läuft ab nach einem geheimen, göttlichen Plan.

Doch unsere Erfahrung ist das eher nicht. Oder was meinen Sie? Da ist der Arbeitslose, dem nur zwei Wochen bis zur Frühverrentung fehlen, was für ihn ärgerlich ist. Ein anderer schreibt Bewerbungen über Bewerbungen und nichts will sich finden. Ein Student bereitet sich auf seine Prüfung vor, aber das Thema, nach dem gefragt wird, das gerade hat er nicht gelernt. Es kam auch in den Vorlesungen nicht vor. Ein Lehrer bereitet sich mit allem Fleiß auf eine Unterrichtsstunde vor, doch die Schüler sind von seinen didaktischen und methodischen Vorüberlegungen gar nicht begeistert. Die Unterrichtsstunde wird kein großer Erfolg.

Doch, wenn wir ehrlich sind, dann müssen wir zugeben, dass wir nicht nur verpatzte Tage und missglückte Gelegenheiten kennen. Die Erfahrung, von dem unserer Text spricht, kennen wir sie nicht auch. Ich denke z.B. an Momente des Verliebt-seins. Da begegnet man einem Menschen zur rechten Stunde, im rechten Augenblick, und man fragt sich hinterher: war da nicht eine höhere Macht im Spiel? Alles passte so wunderbar zusammen, als ob jemand anderes, größeres wusste, wo und wann, und vor allem, welche Hoffnungen und Fragen auch mit im Spiel waren.

Wenn wir uns unseren Text aber noch einmal genau anschauen, dann werden wir sehen, dass dort beides zu finden ist: sowohl die verpatzte Gelegenheit, der verschlossene Weg, Enttäuschung und Einbahnstraßen, als der geglückte Moment menschlicher und göttlicher Begegnung.

Der Kämmerer aus Äthiopien war von weit hergekommen. Aus Äthiopien, dem damaligen Kusch, dem heutigen Sudan. Das ist die Gegend des oberen Nils. Er reiste also eineinhalbtausend Kilometer von seinem Heimatort nach Jerusalem. Im damaligen Äthiopien gab es eine jüdische Diasporagemeinde. Doch der Mann aus Äthiopien war ein Eunuch, ein Verstümmelter und Entmannter, ein nach dem Verständnis des damaligen jüdischen Glaubens „Verschnittener", und als solcher hatte er keinen rechten Zugang zum jüdischen Heiligtum. Desto mehr muss man sich wundern, dass er den weiten Weg nach Jerusalem als Pilgerreise auf sich nahm. Er konnte also nie ein Jude werden, nach jüdischem Gesetz. Am Tempel durfte er nur den Vorhof der Heiden betreten. Von einer nicht zu bändigenden Hoffnung getragen, reiste er doch. Und in unserer Geschichte finden wir ihn nun auf dem Rückweg. Seine Enttäuschung muss groß gewesen sein. Doch das wusste er auch schon vorher, dass es ihm verwehrt war, am Heiligsten Anteil zu haben. Und dann hatte er, vielleicht in Jerusalem, die Schriftrolle des Jesaja erworben, die ihm sicher ein Vermögen gekostet hatte. In ihr forscht er. Denn bei Jesaja findet sich ein Vers, der ihm die Gemeinschaft am Heiligtum vielleicht doch ermöglichte. Zweifelnd, fragend, auf der Suche, immer wieder vor unüberwindbaren Hindernissen stehend, war diese Reise ein gewaltiger Kraftakt. Doch er führte nicht zum Erfolg. Keine Änderung seiner Situation war in Sicht. So grübelte und philosophierte der Kämmerer aus Äthiopien über den Inhalt, der so teuer erworbenen Schriftrolle. Ein reicher Mann, an materiellen Gaben fehlte ihm nichts. Jedoch auch die Religion mochte seine Rätsel nicht lösen, sondern gab ihm nur neue, unlösbare Weisheitssprüche zu Gehör. Laut las er die Verse vom Lamm Gottes: *„Wie ein Schaf, das zur Schlachtbank geführt wird, und wie ein Lamm, das vor seinem Scherer verstummt, so tut er seinen Mund nicht auf.... "* (Jesaja 53, 7-8) Welche dunkle, sich selbst nicht erklärende Stelle der Heiligen Schrift.

Allein kommt der Kämmerer mit dieser Schriftstelle nicht zurecht. Die Schrift ist eben nicht mächtig aus sich selbst heraus, sondern nur durch eine Offenbarung, durch den Geist Gottes, durch Gott selbst wird sie zur Offenbarung. Aber über dieser Geschichte steht ein einziges großes „Ich-Will" Gottes, der für diesen einzelnen Menschen aus seiner Liebe heraus sorgt und die Umstände entsprechend fügt. Warum erst hier und an diesem Ort wissen wir nicht. So ist die Geschichte der Bekehrung und Taufe des Kämmerers Teil der gesamten Geschichten der Ausbreitung des Evangeliums durch die Apostel, Teil der Missionsgeschichte der frühen Kirche. Wer hier in erster Linie handelt, ist aber Gott selbst. Deshalb sprechen wir auch heute von Gott als dem Subjekt der Mission. Gott selbst schickt einmal seinen Engel, um Philippus den Befehl zu geben auf jener Straße sich auf zu halten. Und Philippus begibt sich an jenen Ort, obwohl er nicht weiß warum und wozu er sich eigentlich aufmachen soll. Aber er geht. Und gehorcht dem Engel Gottes. Und dann spricht der Geist zu Philippus: Geh hin und halte dich zu diesem Wagen. Und Philippus folgt. Und jetzt wird dem Apostel klar, warum er hier ist und was seine Aufgabe sein soll. Ohne Philippus, und ohne das Eingreifen Gottes, wäre der Kämmerer weiter in seiner Verzweiflung, seiner Gottesferne und seiner Ratlosigkeit über das Geheimnis der Schrift geblieben. Philippus liefert ihm den Schlüssel zum Verständnis des Propheten: Jesus Christus. Gott ist also ein Gott, der sieht und der hilft und eingreift. Er ist nicht nur ein ferner Gott, sondern auch ein Gott der Nähe.

Oftmals bin ich im Gespräch mit Menschen, die mir sagen: Ja, einen Gott wird es wohl irgendwo geben, aber ich glaube nicht, dass wir irgendetwas über ihn aussagen können, noch dass er sich uns mitteilt, oder wir seinen Willen erkennen können. Diese Richtung nennt sich Agnostizismus, und vielleicht denken viele Menschen so. Ja, dass sich Gott in der Natur offenbart, im Sonnenuntergang, im leisen Wehen des Abendwindes. Aber der biblische Gott teil sich hier mit. Er lässt die Menschen nicht allein, und er handelt in der Geschichte. Er gibt seinen Willen durch ein klares „Ich-Will" seiner selbst zu erkennen.

Liebe Gemeinde, unsere eigene Lebensgeschichte, die Geschichte dieser Gemeinde, und auch die Weltgeschichte ist ein Gewebe von unglücklichen Ereignissen, verpassten Chancen, kleinen und großen Katastrophen und auch geglückten Unternehmungen. Alles soll aber nach dem Willen Gottes aufgehoben und eingebunden sein in die eine große Heilsgeschichte, die durch Gottes Handeln selbst geschrieben wird. Durch den Auftrag seiner Engel, durch das Wirken seines Geistes in der Welt und durch gehorsame Christen, die unter seinem Wort stehen. In der Apostelgeschichte sehen wir, wie Gott einen Anfang macht. Er selbst macht sich als Gott der Liebe erfahrbar. Und denen, die ihn lieben, soll in diesem Plan alles zum Besten dienen, denen die nach seinem Ratschluss berufen sind. Im nach hinein werden wir erkennen, wie Gott auch unsere Fehler und unsere Fehlschläge zum Guten gebraucht hat. Und das stärkste Übel kann uns nicht von Gott mehr trennen.

Machen wir uns also keine Sorgen über die einen oder anderen Fehlschläge, Versäumnisse und nach unserem Ermessen unglücklichen Konstellationen von Ereignissen, aus denen wir nichts mehr machen können. Gott sitzt ja doch im Regiment, und regiert alles. Das, liebe Gemeinde, haben die Pfarrer der Bekennenden Kirche, ja gerade sie, in der Zeit des II. Weltkrieges immer wieder bekannt: Es wird regiert. Amen.

Die Kraft Gottes (18.)

Predigt über Römer 1, 16.17 in den Dorfkirchen der Kirchengemeinden Schönefeld und Großziethen (bei Berlin)

Tom Sawyer wollte und konnte nicht mehr! Er war fertig mich sich und der Welt. Diese Erwachsenen! Schule! Lehrer! Hah! Ständig hatten sie etwas an ihm auszusetzen. Ständig wollten sie ihn umbiegen und machten ihm das Leben schwer.
Was war passiert? Er war erwischt worden. Sein Trick hatte nicht funktioniert. Er musste sich morgens waschen, Zähne putzen, usw. Dabei hasste er Wasser. Seine Geräuschkulisse, die er auf der Veranda veranstaltete, sollte Tante Polli vortäuschen, er würde sich gründlich waschen. Dabei war er nicht mit einem einzigen Tropfen Wasser in Berührung gekommen.
Alles wäre gut gelaufen. Hätte ihn nicht sein Stiefbruder verpfiffen. So traf ihn das Auge des Gesetzes von Tante Polli mit ganzer Schärfe, und die Strafe folgte auf den Fuß.

Oh, er hasste diese Erwachsenen. Er beschloss, die Schule zu schwänzen. Er wollte Abenteuer bestehen. Nicht dieses langweilige herum sitzen und lesen, schreiben, rechnen. Am liebsten wäre er Räuber geworden, oder Pirat. Die Meere durchkreuzen, neue Welten kennenlernen. Gefahren bestehen. Das ist das wahre Leben. Von wem hätte man solch ein abenteuerliches Leben wohl besser lernen können als von Huckelberry Finn. Dem Vagabunden und Außenseiter. Schrecken aller Lehrer und Eltern. Der in seiner Tonne lebte, frei von allen Zwängen, auch vom lästigen Zwang sich waschen zu müssen, und der so manchen Trick und so manche Lebensweisheit kannte, die man in der Schule nie lernen würde.

Also drehte Tom bei. Heute sollte es nicht in die Schule gehen, sondern er wollte Hucky besuchen. Mal sehn, was der gerade so vorhatte.

Als der Apostel Paulus seinen Brief an die Gemeinde in Rom verfasste, aus dem wir den heutigen Predigttext entnehmen, hatte Paulus schon viel von Europa gesehen. Nach Griechenland, in Kleinasien, in Syrien, Kappadozien, Pamphylien, ja bis nach Mazedonien war er gekommen. Hatte das Evangelium verkündigt, Gemeinden gegründet, neue Mitstreiter für seine Sache gewonnen, ja auch selber viel erlitten und Anfeindungen ertragen wegen der für viele angeblich neuen Lehre des Evangeliums.

Nach all den Erfahrungen schreibt Paulus den Christen in Rom, was ihm am wichtigsten war, er kommt ohne große Umschweife gleich zur Sache:

1 16 Denn ***ich schäme mich des Evangeliums nicht; denn es ist eine Kraft Gottes, die selig***
macht alle, die daran glauben, die Juden zuerst und ebenso die Griechen. *17* ***Denn darin***
wird offenbart die Gerechtigkeit, die vor Gott gilt, welche kommt aus Glauben in Glauben;
wie geschrieben steht *(Habakuk 2,4):* ***»Der Gerechte wird aus Glauben leben.«***

(Römer 1, 16.17, Lutherbibel 1984)

Das Evangelium, liebe Gemeinde, ist für Paulus, so lesen wir ja gleich am Anfang, eine Kraft Gottes. Eine Kraft von Gott. Hier steht nicht, das Evangelium wäre „Wort Gottes", oder „frohe Botschaft", was ja auch stimmen würde, sondern Paulus setzt hier ganz bewusst einen Akzent, wenn er gleich am Anfang sagt: Das Evangelium sei eine Kraft. Eine Kraft, die man erfahren kann, die ja auch schon die Christen in Rom erfahren hatten, oder noch erfahren sollten. Denn Paulus kennt die Gemeinde in Rom ja noch nicht.

Das Evangelium war aber auch eine Kraft, die Paulus erst einmal selbst erfahren hatte, ohne die er die weite Reise durch den Mittelmeerraum zu den vielen Städten und Dörfern wohl nicht bewerkstelligt hätte. Eine Kraft, die ihn viele Beschimpfungen und Beleidigungen, ja auch Strafen, Stockschläge aushalten ließ. Sogar eine Steinigung hatte er überlebt.

Das Evangelium - keine Behauptung, oder These, keine Erfindung von Philosophen, sondern eine in dieser Welt für die Menschen, für uns erfahrbare Wirklichkeit der Gegenwart Gottes.

Eine Kraft, die uns nicht zu Supermännern macht, weder was den Körper noch den Geist anbelangt, aber eine Kraft, die uns trägt. Vielleicht auch eine Kraft, die uns eher schwach macht: für die Not anderer, für das Leiden und die Trauer uns ganz vertrauter, aber auch ganz ferner Menschen. Eine Kraft, die auch schwach und sensibel macht: für Gottes Willen und den Geist der Brüderlichkeit, und eine Kraft, die uns verbindet mit Jesus Christus, eine Kraft, die uns hören lässt auf die leise und nicht immer gleich zugängliche, aber doch manchmal deutlich vernehmbare Stimme des Heiligen Geistes.

Wir erinnern uns, was in den Evangelien über Jesus selbst gesagt worden ist. Jesus wurde von vielen Menschen für so etwas wie einen Lehrer gehalten, obwohl er zu seinen Jüngern sagte: Ihr sollt euch nicht Lehrer, Rabbi, nennen lassen. Aber viele hielten ihn für einen Lehrer, einen Rabbi, einen jüdischen Schriftgelehrten. Und man kann mit Recht sagen, dass er das auch war. Aber seine Lehre schien von anderer Art. Die, die ihn hörten, sagten: er würde nicht so lehren, wie die Schriftgelehrten, sondern er würde sie lehren mit „Vollmacht".

Sein Wort tat, was es sagte. Da gab es keinen Zwiespalt zwischen Sein und Schein. Keine leeren rhetorischen Floskeln. Dafür aber eine Tiefe, Weite und Kraft, die einen das Gefühl gab, mit Gott stärker verbunden zu sein.

Ein alter Gospelsong versucht diese Erfahrung der Kraft Gottes wiederzugeben. Ein altes Lied jener Afrikaner, die gefangen, verschleppt und verkauft worden waren. Auf den Baumwollfeldern in Amerika sangen sie bei ihrer Sklavenarbeit. Sie sangen von der Hoffnung, von Freiheit, von Menschenwürde und von Gott. Biblische Geschichten kamen in ihren Liedern vor, und sie spürten so etwas in ihrem Singen, so etwas wie eine Kraft von Gott.

Viele von ihnen kennen vielleicht dieses Lied, oder haben die Melodie schon einmal gehört:

„Rock my soul in the bosom of Abraham,

Rock my soul in the bosom of Abraham,

Rock my soul in the bosom of Abraham,

Oh Rock my soul."

Man könnte das vielleicht so übersetzen. Aber auf Deutsch klingt es erst einmal etwas unbeholfen. „Berge meine Seele am Busen Abrahams. Ja, berge meine Seele."

Der Ausdruck „bosom of Abraham", „Busen, oder Brust Abarahams" geht wahrscheinlich zurück auf die Geschichte vom reichen Mann und armen Lazarus.(Lk 16, 19-31) Der reiche Mann sieht den armen Lazarus nach seinem Tode im Schoße Gottes sitzen, und sehnt sich auch dort zu sein, wo Lazarus ist: in unmittelbarer Gottesgemeinschaft.

Und weiter heißt es in dem Lied:

„So high, you can't get over it

So low, you can't go under it

So wide, you can't get round of it

You must go in at the door."

"So hoch, dass du nicht darüber hinaus kannst.

So tief, dass du nicht darunter hindurch kannst.

So weit, dass du nicht darum herum kannst.

Du musst hindurchgehen durch die Tür."

Die Kraft Gottes ist keine Kraft über die wir frei verfügen könnten, auch Pfarrer oder Pastoren verfügen nicht eigenmächtig über sie. Sie ist höher, als alles von uns Menschen denkbare, tiefer, als unsere menschlichsten Tiefen, weiter als alles von Menschen je gemessene - aber sie kann erfahren werden. Die Erfahrung der Kraft Gottes ist ein Geschenk, nichts was durch religiöse Übungen oder Werke erzwungen werden könnte, sondern allein Geschenk Gottes. Empfangen durch Gnade. „Du musst durch die Tür hindurchgehen." Heißt es in dem Gospellied. Die Tür? Das ist Jesus Christus, der Mittler zwischen Gott und Mensch. „*Ich bin die Tür*;" sagt Jesus Christus von sich selbst im Johannesevangelium, „*wenn jemand durch mich hineingeht, wird er selig werden*." (Joh 10,9)

Paulus sagt an einer Stelle: „*Nicht, dass ich's schon ergriffen habe oder schon vollkommen sei; ich jage ihm aber nach, ob ich's wohl ergreifen könnte, weil ich von Christus Jesus ergriffen bin*." (Phil 3,12) Paulus wusste sich ergriffen von Jesus Christus, er wusste dass ihn nichts auf der Welt scheiden konnte von dieser Liebe, die er erfahren hatte. Und doch blieb ihm Gott ein Geheimnis.

Die Rede von der Kraft Gottes bei Paulus ist die eine wunderbare, das Leben der Gemeinde mit neuem Geist erfüllende und herausfordernde Seite des uns altbekannten Lehrsatzes von der Rechtfertigung des Gottlosen aus „Glauben allein".

Und sie hat im Neuen Testament großes Gewicht. Als Beispiel dafür möchte ich Ihnen ein Wort aus dem Titusbrief (Tit 3, 4.5.) vorlesen, der in der Adventszeit als Epistellesung in unseren Gottesdiensten erklang. Da heißt es:

„*Als aber erschien die Freundlichkeit und Menschliebe Gottes, unseres Heilands, machte er uns selig – nicht um der Werke der Gerechtigkeit willen, die wir getan hatten, sondern nach seiner Barmherzigkeit – durch das Bad der Wiedergeburt und Erneuerung im Heiligen Geist, ...*" Und diese Gabe des Heiligen Geistes, so Titus weiter, geschieht aus Gnaden. Der Glaube ist ja Geschenk, das uns durch den Heiligen Geist zukommt, selig macht und neue Kräfte weckt.

Und diese Kraft, von der Paulus spricht, ist erlebbar, und sie ist auch Erfahrung in unserer Gemeinde, wie mir einmal ein Gemeindemitglied versicherte. Diese ältere Dame liebt das schöne Glaubenslied aus dem Evangelischen Gesangbuch: „*So nimm denn meine*

Hände....." „Und wenn ich einmal nicht mehr weiter kann," sagt sie, „wenn ich mit meiner Kraft am Ende bin, dann singe ich im Geiste nur diese eine Zeile.......so nimm denn meine Hände und führe mich.......und dann geht es doch weiter. - Und Gott führt mich.

So haben es auch die Afrikaner erlebt, die als Sklaven gefangen, misshandelt und verkauft worden waren und Zwangsarbeit leisten mussten. Sie wussten dass sie in ihrer grausamen Situation, der sie ausgeliefert waren, von einem gehalten wurden, der sie stärkte, der sie hielt und lebendig war. Der sie tröstete, aber noch mehr, der lebendig war und auch für Veränderung sorgte zum Besseren, und ihnen schließlich die Freiheit schenken würde. Die Gegenwart ihres Gottes, diese stärkende Kraft, konnten sie vermitteln durch ihre Lieder. Durch sie konnten sie sich einander stärken. In der Musik erfuhren sie schon jetzt, wonach sie sich für sich, ihre Umwelt und ihre Lebenssituation am dringlichsten sehnten: eine Kraft und eine Hoffnung auf ein verändertes Leben in Frieden und Gerechtigkeit.

Als Tom Sawyer an den Platz kam, wo sein Freund Huckelberry Finn wohnte, also zu der alten Fischtonne, war diese leer. Huck war nicht da. Wo war er? Was hatte er im Sinn. Tom streunte noch etwas durch die Gegend, träumte davon, Pirat oder wenigstens Räuber zu sein, und machte sich dann schließlich doch auf den Weg in die Schule.

Die Klasse war gerade dabei, ein Gedicht zu rezitieren, als sich Tom unbemerkt auf seinen Platz schleichen wollte. Der Lehrer schlief zwar halb auf seinem Pult ein, hatte ihn aber dann doch bald bemerkt, und stellt ihn zur Rede: Ahhhhh, Tom Sawyer! Wo warst Du! Warum kommst du erst jetzt zur Schule?

Tom sagte ohne Umschweife die Wahrheit, ihm selbst zum Verhängnis: Ich war bei Huck!

Was? Bei Huckelberry Finn, diesem Nichtsnutz und Taugenichts, diesem Vagabunden und Herumtreiber. Und das gestehst Du auch noch ein, so ganz frei heraus?

Zur Strafe musste Tom nun in der Mädchenreihe Platz nehmen, nachdem er am rechten Ohr durch die ganze Klasse gezerrt worden war. Er kam genau auf den Platz neben.... Becky!! Gut. Sehr gut, dachte er. Es war der einzige, freie Platz auf der Mädchenseite, und genau das hatte er auch im Sinn.

Er wollte ja neben Becky sitzen. Für die anderen war es das entwürdigenste, was einem Jungen in seinem Alter je hätte passieren können. Doch Tom wollte neben Becky sitzen, er wollte sie näher kennen lernen. Er mochte Becky, aber er wusste nicht, ob auch sie etwas für ihn empfinden würde. In seinem Inneren war alles aufgewühlt, durcheinander, konfus.

Nachdem der Lehrer mit dem Unterricht fortfuhr, geschah für ihn dann das Unfassbare. Etwas das in ihm neue Energien und Kräfte mobilisierte. Sozusagen ein kleines Wunder, ein Wunder dass ihn den Schmerz, den er immer noch im rechten Ohr verspürte, und der von der brutalen Behandlung des Lehrers stammte, vergessen ließ.
Waren das nicht Kräfte des Himmels, die ihn da durchfuhren, so etwas wie Gnade, frohe Botschaft in Form einer weltbekannten, allseits beliebten und begehrten, weil gut schmeckenden Obstsorte? Übergeben durch eine an Liebreiz und Schönheit nicht zu übertreffende, anmutig und zierlich erscheinende Person.

Becky schob, von allen gänzlich unbemerkt, und ohne sich zu Tom umzudrehen, einen prachtvoll, rot glänzenden Apfel, lautlos und ohne jeden Kommentar auf seine Seite: als Zeichen der Sympathie für Tom. Amen.

Blick auf die alte Dorfkirche in Großziethen an der Feuerwache vorbei.

Der Geist hilft unserer Schwachheit auf (19.)

(Römer 8, 26-30) Predigt zum Sonntag Exaudi, den 4. Mai 2008 in der Evangelisch-Reformierten Kirchengemeinde Hohenbruch

8 26 Desgleichen hilft auch der Geist unsrer Schwachheit auf. Denn wir wissen nicht, was wir beten sollen, wie sich's gebührt; sondern der Geist selbst vertritt uns mit unaussprechlichem Seufzen. 27 Der aber die Herzen erforscht, der weiß, worauf der Sinn des Geistes gerichtet ist; denn er vertritt die Heiligen, wie es Gott gefällt.

28 ***Wir wissen aber, dass denen, die Gott lieben, alle Dinge zum Besten dienen, denen, die nach seinem Ratschluss berufen sind.*** *29 Denn die er ausersehen hat, die hat er auch vorherbestimmt, dass sie gleich sein sollten dem Bild seines Sohnes, damit dieser der Erstgeborene sei unter vielen Brüdern. 30 Die er aber vorherbestimmt hat, die hat er auch berufen; die er aber berufen hat, die hat er auch gerecht gemacht; die er aber gerecht gemacht hat, die hat er auch verherrlicht.* (Lutherbibel 1984)

Liebe Gemeinde,

das Leben des Paulus hatte nicht nur seine Höhen und Tiefen, sondern es hatte auch eine absolute Tiefe, ein Gefühlt, dass das Leben einfach nicht zu meistern ist. Auch dann nicht, wenn man betet und von einem Leben weiß, dass durch den Heiligen Geist bestimmt wird. Auch dann nicht! Es war einfach nicht zu meistern und Paulus kannte eine Schwäche des Christenlebens, die auch das Beten unmöglich machte. In dieser Ohnmacht des Paulus aber lernen wir etwas über unsere eigene Ohnmacht und über das Leben im Geiste Gottes. Die Ohnmacht des Paulus ist uns ja wohl bekannt. Oft scheint man, sich anstrengen zu wollen, wie man nur will. Doch keine Bewerbung will nützen. Die Arbeit wird so schlecht bezahlt, sodass viele schon zwei Jobs haben müssen. Und die alleinstehende Mutter kämpft darum, wie sie ihren Sohn versorgen kann und dazu noch Haushalt und Beruf vereinbaren soll. Oft ist das Leben einfach nicht zu schaffen.

So wie im Kleinen ist es aber auch im Großen. Die Welt selbst scheint unter Ächzen und Stöhnen auf eine unhaltbare Lage aufmerksam zu machen. An vielen Orten mangelt es an Nahrung, die Wirtschaft in den USA kriselt und dort, wo am meisten verdient wird, tritt man die Menschenrechte mit Füßen. Die Welt seufzt unter den Lasten dieser Generation. Auch sie sehnt sich nach etwas neuem.

Nun gibt aber Paulus zu bedenken. Nicht nur die Welt seufzt, nicht nur wir seufzen, sondern der Geist Gottes auch. Ja, wir wissen nicht, was und wie wir beten sollen, so schlimm ist es. Aber der Geist vertritt uns. Gottes Geist heult und seufzt mit uns, ein heiliges solidarisches Weinen. Was hilft's?, fragt sich so mancher. Ja, wenn wir es nur richtig spüren, wie der Geist seufzt, ist uns viel geholfen. Denn wenn der Geist sich unser erbarmt, wissen wir, dass es einen Gott gibt, der uns liebt. Dann glauben wir nicht aus eigener Macht, sondern aus der Macht des Geistes Gottes. Dann wird unsere Seele wieder frei und kann aufatmen. Dann wissen wir auch wieder, was und wie wir beten sollen und sagen „Danke"!

Der Geist Gottes ist ja die wunderbare Macht, die uns mit Gott verbindet. Es ist kein schaler Glaube, dass irgendwas so oder anders sein müsste, sondern der Geist rührt unsere Seelen an, wie uns unser leiblicher Vater oder unsere Mutter einmal in den Arm genommen hat, als wir tränenüberströmt und verletzt in ihren Armen Schutz suchten. Der Geist hilft unserer Schwachheit auf, auch der Schwachheit zu glauben. Er wirkt in uns das Vertrauen, dass der Gott, der uns jetzt schon liebevoll in seinen Armen hält, uns auch am Ende unserer Tage liebevoll auffangen wird. Der Glaube ist ein Vertrauen, gewonnen aus der Erfahrung einer seelischen Umarmung des Geistes Gottes und dieses will uns Paulus gerade sagen: Was du jetzt leidest, dass leidet Gott mit dir. Was du gerade durchmachen musst, der Geist seufzt und stöhnt über diese Ungerechtigkeit. Und noch mehr: Er stellt es alles in ein Plus. Weil dieser Geist eben durchtränkt ist von der Hoffnung und der Erwartung der kommenden Dinge, ist nichts umsonst.

Das Seufzen und Schreien soll ja bald abgelöst werden von der Offenbarung der Kinder Gottes. Das Seufzen ist nur ein Vorspiel zu dem Sieg über Schmerzen und Leid, auch für uns persönlich. Jene Umarmung des Geistes Gottes gibt uns jetzt schon ein Zeichen des Sieges der Liebe Gottes. Warum? Weil wir durch ihn der Liebe gewiss sind, die sich letztlich nicht überwinden lässt, und alles überwindet.

Das Kreuz und die Ausweglosigkeiten dieser Welt sind niemals das letzte Wort, weil der Geist, der mit uns seufzt, die Kraft der Auferstehung in sich trägt, die Christus von den Toten auferstehen ließ. So sollen auch wir in einem neuen Leben wandeln, von der Solidarität des Geistes ergriffen und umgestaltet zum Bilde Gottes. Der Geist will ja nicht nur mit uns seufzen, sondern uns auch noch verändern, sagt der Römerbrief. Umgestalten will er uns nach dem Bilde seines Sohnes, so sind wir seine Brüder und Schwestern.

Der Glaube an Jesus Christus ist für Paulus viel weniger eine spekulative Annahme als vielmehr eine persönliche Erfahrung von Gottes Geist. Und dieser Geist, der mit uns seufzt und schreit, der unsere Traurigkeit in einen Reigen verwandelt, der kann auch unsere sterblichen Leiber wieder zu neuem Leben erwecken.

So hat es Gott gewollt. Dass ihr, die ihr von Gott berufen seid, aus seinen Händen nicht genommen werden könnt. Dass ihr, die der Vater liebt, mit der Kraft des Geistes ausgerüstet werdet. Und das uns, die wir seufzen und manchmal verzweifeln wollen über uns und diese Welt, der Geist das Seufzen abnimmt und dafür mit neuer Glaubenskraft beschenkt. Amen.

Evangelisch-reformierte Kirche Hohenbruch (Innenansicht vom Altar aus)

Gott ist treu! (20.)

1. Sonntag im Advent, Predigt über 1. Korinther 1, 3-9 in der Evangelisch- methodistischen Kirche in Baden (Schweiz)

Liebe Gemeinde,

es ist Advent. Als ich ein Kind war, steckte diese Zeit voller Wunder und Verzauberungen. Es war eine lange Zeit, in der man auch ungeduldig werden konnte. Gerne erinnere ich mich noch an den Gebrauch unseres Adventskalenders im Haus meiner Eltern. Mein Bruder und ich, wir wechselten uns jeweils ab mit dem Türchenöffnen. Einer nahm die ungeraden, der andere die geraden Zahlen. Jeden Tag gab es etwas Süßes, etwas Leckeres, in dieser immer dunkler werdenden Zeit.

Wenn ich ans Warten denke, muss ich an meine Arbeit als Flughafenseelsorger denken. Ich besuchte die Mitarbeiter des Flughafens an ihrem Arbeitsplatz. Eines Tages im Sommer ging ich, wie durch einen 7. Sinn geleitet, zum Gate 65: Abflug nach Basel. Als ich in den Abfertigungsraum kam, sah ich eine Menge von ca. 150 Menschen auf ihren Flug wartend. Die Maschine hatte Verspätung. Die Menschen konnten weder vor noch zurück. Einige schauten in den Himmel, andere auf das Vorfeld, wieder andere starrten in ihre Zeitung und verbargen ihre Ungeduld und Unsicherheit. Was war geschehen? War der Pilot erkrankt? Die Maschine defekt? Das Wetter zu schlecht für die Landung? So standen sie etwa **eine Stunde!** Und keiner wusste etwas oder konnte etwa sagen, was geschehen war.

Ich kam mit einigen Passagieren ins Gespräch. Besonders kümmerte ich mich um eine ältere Dame im Rollstuhl. Für sie war die Situation besonders unangenehm. Diese Zeit des Wartens war einfach zu lang, quälend und entmutigend. Wir sind zum Nichtstun verurteilt und machtlos in solchen Situationen, so scheint es. Doch das Warten und die Untätigkeit ist nur die oberflächliche Seite. In der verborgenen Welt Gottes haben solche Zeiten ihre besondere Bedeutung. In ihr ist es ja nicht so, als ob nichts geschieht. In der Adventszeit symbolisieren wir das durch das Anzünden der Kerzen am Adventskranz, durch das Öffnen der Türen am Kalender.

Die frühchristlichen Gemeinden lebten ganz in der Erwartung des Endes der Zeit, in der Erwartung des kommenden Gottes. Es hieß bereit zu sein, zu wachen und zu beten. Wir lesen von einem neuen Himmel und einer neuen Erde im Buch Jesaja (Jesaja 65,17) und dann in der

Offenbarung des Johannes (Offb. 21,1ff). Es würde ein Tag des Gerichts, der Gerechtigkeit, ein Tag der Zurechtbringung aller Dinge durch Gott sein.

Wir vergessen oft, dass im Glauben die Zukunft Gottes und unsere Zukunft mit gesetzt ist. Wir haben allen Grund zur Freude. Denn die kommende Zeit wird eine Zeit sein, in der sich Gott ganz durchsetzt, in der sein Friedensreich, das jetzt erst punktuell zu erfahren ist, ganz herrschen wird. Eine Zeit, in der alle Tränen abgewischt sein werden, in der es keinen Tod, noch Leid, noch Wehklagen mehr geben wird. (Offb. 21,4)

Die Adventszeit sagt uns, dass Gott, den wir schon als gegenwärtig erfahren, noch im Kommen ist und die ersten Christen beteten: *„Ja, komm, Herr Jesus!“*. (Offb. 22,20) Mit diesen Worten schließt übrigens die Bibel. Es sind die letzten Worte in der Offenbarung des Johannes.

Gott kommt und ist doch schon gegenwärtig. In der japanischen Sprache gibt es eine interessante Ausdrucksweise. Wenn man z.B. an einer Bußhaltestelle steht und den Bus von ferne schon herannahen sieht, er biegt gerade um eine Straßenecke und ist dann zu sehen, aber noch weit weg, dann sagt man im Japanischen: „Ah, basu ga kita!“ Man sagt dann: „Er ist schon gekommen!“ So ist es eben auch mit Gott im Advent. Er ist schon da, weil wir schon Zeichen des Reiches Gottes sehen, aber er ist auch noch nicht da.

In dieses Bewusstsein der Gegenwart ***und*** Erwartung des kommenden Gottes, der Erlösung der Schöpfung und der Zurechtbringung der Welt durch Gott, schreibt Paulus an die Gemeinde in Korinth: (1. Korinther 1, 3-9)

1 3 Gnade sei mit euch und Friede von Gott, unserm Vater, und dem Herrn Jesus Christus!

4 Ich danke meinem Gott allezeit euretwegen für die Gnade Gottes, die euch gegeben ist in
Christus Jesus, 5 dass ihr durch ihn in allen Stücken reich gemacht seid, in aller Lehre und in
aller Erkenntnis. 6 Denn die Predigt von Christus ist in euch kräftig geworden, 7 sodass ihr
keinen Mangel habt an irgendeiner Gabe und wartet nur auf die Offenbarung unseres Herrn
Jesus Christus. 8 Der wird euch auch fest erhalten bis ans Ende, dass ihr untadelig seid am
Tag unseres Herrn Jesus Christus. 9 Denn ***Gott ist treu, durch den ihr berufen seid zur***
Gemeinschaft seines Sohnes Jesus Christus, unseres Herrn. (Lutherbibel 1984)

Paulus lobt die Gemeinde. Das ist verwunderlich. Denn es gab allerhand Missstände in Korinth und Spaltungen, ja sogar seine eigene Autorität als Apostel wurde in Frage gestellt. Doch er erinnert die Christen daran, wie reich beschenkt sie sind, wie viel Gnadengaben und

Erkenntnis sie besitzen. Jetzt schon. Obwohl der Tag der Offenbarung noch bevor steht. Trotz und gerade wegen allen Mangels sollten sie darauf schauen, wie sie schon reich beschenkt worden sind. In allen Vorläufigkeiten ermutigte Paulus sie dazu, den Reichtum der Gnade Gottes wahrzunehmen. Und Paulus ist zuversichtlich: *„Gott wird euch auch Festigkeit geben bis zum Ende."* Woher nimmt Paulus diese Zuversicht?

Es gibt nach meiner Ansicht dafür drei gute Gründe: Erstens: Paulus wusste aus der Geschichte Israels, dass Gott treu ist. Er hatte sich in vielen Situationen als ein Gott gezeigt, der sein Volk aus der Not rettete, ein kommender Gott, der sein Volk aus der Sklaverei in Ägypten befreite. Gott hatte seine Treue in allen Anfechtungen und Notlagen bewiesen. Er würde auch in Zukunft zu seinem Volk stehen. Und der Prophet Jesaja schreibt: *„Es sollen wohl Berge weichen und Hügel hinfallen, aber meine Gnade soll nicht von dir weichen, und der Bund meines Friedens soll nicht hinfallen, spricht der HERR, dein Erbarmer." (Jesaja 54,10 Luther 84)*

Zweitens: Es gehört ganz zu Gott, zu seiner Offenbarung und zu seinem Wesen, dass er treu ist. Als Gott Mose seinen Namen offenbart am brennenden Dornbusch, sagt er: *„Ich bin, der ich bin." Oder „Ich werde sein, der ich sein werde." (2.Mose 3,14)* So hieß sein Name. Gott ist treu. Er kann niemand anders sein als er selbst und auch seinem Volk gegenüber wird er nicht anders sein als treu, weil sein Wesen Treue ist. Gott wird und kann sich nicht seinem Wesen gegenüber verstellen, noch sich verneinen. Und sein Wesen ist Treue.

Und drittens: Als sich Gott der Gemeinde in Korinth offenbart, offenbart er sich ihnen im Heiligen Geist. Paulus nennt den Heiligen Geist auch ein „Unterpfand", „Angeld", eine „Anzahlung". Er sagt: *„Gott ist's aber, der uns fest macht samt euch in Christus und uns gesalbt und versiegelt und in unsre Herzen als* ***Unterpfand*** *den Geist gegeben hat." (2.Korinther 1,21.22 – Luther 84)* Das griechische Wort für Unterpfand ist „ Arrabon". Es stammt aus der Rechts- und Geschäftssprache. „Arrabon" meint eine Anzahlung, einen Teil der Gesamtzahlung, mit dem ein Rechtsanspruch bestätigt wird. Jeder Kauf im Supermarkt oder im Internet ist eigentlich ein Vertrag. Nicht schon die Bestellung ist ein Kaufvertrag, aber in dem Moment, in dem wir bezahlen, schließen wir eigentlich einen rechtsgültigen Vertrag ab. Der muss nicht schriftlich sein.

Paulus sagt nun, Gott hat schon bezahlt, er hat schon eine Anzahlung der zukünftigen Herrlichkeit geleistet, und damit ist der Bund besiegelt und kräftig. Von ihm aus steht und hält dieser Bund bis zum Ende, an dem alles ausbezahlt werden wird. Er wird euch also bewahren bis zum Ende. Gott ist treu.

Aber wo bleiben die Zweifel bei Paulus?, werden wir fragen. Ist Glaube nicht auch immer angefochtener Glaube? Ja, gerade auf diesen hin spricht ja Paulus. Den allzu sicheren, vom Geist Gottes erfüllten Korinther sagt er ja, Gott *wird* euren Glauben fest machen. Der Glaube eines Kindes, der Glaube in Anfechtungen, in Zweifeln und Fragen, er genügt schon. Warten im Glauben heißt auch den eigenen Glauben in seiner Bruchstückhaftigkeit nicht zu verleugnen. Wenn Christus zu uns kommt, erwartet er nicht einen perfekten Christenmenschen. Gerade unseren Verzagtheiten, unserer Ungeduld, unseren Zweifel will er begegnen und sie auf sich nehmen. Paulus kannte sich selbst auch als schwachen Menschen.
- Und so werden wir trotz allem ohne Tadel dastehen? Ja, ohne Tadel, denn Gott wird nicht mehr von uns erwarten, als er uns durch die Gabe seines Geistes und seiner Gnade auch ermöglichen und verwirklichen hilft.
Paulus schreibt im 13. Kapitel des Korintherbriefes*: „Jetzt sehen wir alles in einen Spiegel, in rätselhafter Gestalt, dann aber von Angesicht zu Angesicht. Jetzt ist mein Erkennen Stückwerk, dann aber werde ich ganz erkennen, wie ich auch ganz erkannt worden bin.“*
(1. Kor 13,12 – Zürcher Bibel 2007) Gott aber ist treu und er hat durch die Sendung seines Geistes schon ein unverrückbares Zeichen seiner Treue, einen Vorgeschmack auf die himmlische Herrlichkeit gegeben.
Die Korinther verstehen es zwar noch nicht ganz, wie sie mit den Gaben des Geistes auch verantwortlich umgehen sollen, wie alles auch wohlgeordnet zugehen kann und soll, trotz überschwänglicher Geistwirkung. Doch dazu wird Paulus dann im Vorlauf seines Briefes noch einiges sagen.

Damals als Kind bin ich dann auch dem Weihnachtsmann fast einmal begegnet. Das heißt, richtig sehen durfte ich ihn nicht! Und seine Stimme klang ein wenig.... nach meinem Onkel, zugegebenermaßen. Aber er brachte uns tatsächlich etwas, was wir uns sehnsüchtigst gewünscht hatten, mein Bruder und ich: eine Cowboy-Ausrüstung! Meine Eltern waren eher nicht so begeistert über diesen Weihnachtsmann. Verständlich. Doch für uns war es ein sehr schönes Fest. Ein kleiner Traum ging in Erfüllung. Bestimmt hatten wir auch noch nicht alles verstanden über Weihnachten und das Christkind, aber Gott ließ uns deshalb nicht enttäuscht zurück.
In der Adventszeit werden wir jedenfalls schon jetzt reichlich gesegnet und durch vielerlei kleine Wunder und Verzauberungen beschenkt. Halten wir die Augen dafür offen. Gehen wir Christus entgegen, der auf uns zukommen will, empfangen wir ihn neu im Wort und im

Heiligen Mahl. Jeden Tag öffnet Gott ja ein Türchen für uns, um uns seine Liebe neu zu zeigen. Jeden Tag will er uns ins Weite führen, seine Treue ist jeden Tag neu.

Gott kommt im Advent, öffnet Türen und sucht neue Wege zu uns Menschen.
Wege, die es sich lohnt auszuprobieren,
zu ihm, zu uns selbst und zu anderen.
Wege der Gerechtigkeit und des Friedens,
Türen, die ins Licht führen.
Und Gott will auch zu Menschen kommen,
die ihn bisher noch gar nicht kennen.
Gerade für sie
können auch wir
eine offene Tür sein
für die Erfahrung
der Liebe und Treue Gottes.
Amen."

Evangelisch-methodistische Kirche in Baden zur Winterzeit.

Keine höhere Macht als die Liebe Gottes (21.)

Predigt über 1. Korinther 13 am 5. Sonntag der Passionszeit in den Evangelisch-methodistischen Kirchengemeinden Niederuzwil und Flawil (Schweiz)

13 1 Wenn ich mit Menschen- und mit Engelzungen redete und hätte die Liebe nicht, so wäre
ich ein tönendes Erz oder eine klingende Schelle. 2 Und wenn ich prophetisch reden könnte
und wüsste alle Geheimnisse und alle Erkenntnis und hätte allen Glauben, sodass ich Berge
versetzen könnte, und hätte die Liebe nicht, so wäre ich nichts. 3 Und wenn ich alle meine
Habe den Armen gäbe und ließe meinen Leib verbrennen und hätte die Liebe nicht, so wäre
mir's nichts nütze.

4 Die Liebe ist langmütig und freundlich, die Liebe eifert nicht, die Liebe treibt nicht
Mutwillen, sie bläht sich nicht auf, 5 sie verhält sich nicht ungehörig, sie sucht nicht das Ihre,
sie lässt sich nicht erbittern, sie rechnet das Böse nicht zu, 6 sie freut sich nicht über die
Ungerechtigkeit, sie freut sich aber an der Wahrheit; 7 sie erträgt alles, sie glaubt alles, sie
hofft alles, sie duldet alles.

8 Die Liebe hört niemals auf, wo doch das prophetische Reden aufhören wird und das
Zungenreden aufhören wird und die Erkenntnis aufhören wird. 9 Denn unser Wissen ist
Stückwerk und unser prophetisches Reden ist Stückwerk. 10 Wenn aber kommen wird das
Vollkommene, so wird das Stückwerk aufhören.

11 Als ich ein Kind war, da redete ich wie ein Kind und dachte wie ein Kind und war klug wie
ein Kind; als ich aber ein Mann wurde, tat ich ab, was kindlich war. 12 Wir sehen jetzt durch
einen Spiegel ein dunkles Bild; dann aber von Angesicht zu Angesicht. Jetzt erkenne ich
stückweise; dann aber werde ich erkennen, wie ich erkannt bin.

*13 **Nun aber bleiben Glaube, Hoffnung, Liebe, diese drei; aber die Liebe ist die größte***
unter ihnen. (Luhterbibel 1984)

1. Die Grundaussage des Textes (Fragebogen)

Stellt euch bitte einmal vor, ihr sitzt in einem Cafe, schlagt eine christliche Zeitung auf, oder irgendeine andere Zeitung, und findet dann diesen Text. Dazu gibt es ein paar Quizfragen, die ihr beantworten sollt. Ich weiß. Ziemlich unwahrscheinlich. Aber nehmen wir das einmal an.

Die Quizfragen sind im „multiple choice"- Verfahren gehalten. Und die erste Frage lautet: Was ist die Grundaussage dieses Textes? Dann habt ihr vier mögliche Antworten vor euch zum ankreuzen:

a) Liebe ist furchtbar!
b) Nur durch Verbrennen kannst Du Dein Leben retten!
c) Gott trägt Dich durch seine Liebe! Lass Sie Dir ganz gefallen!
d) Paulus erwartet von uns, von Dir, dass wir spirituelle (geistliche) Supermänner werden!

Nun. Was kreuzt Du an?

Meiner Meinung nach gilt für diesen Text nur die Antwort C.

Der Text von 1 Kor 13 ist so bekannt, wie kaum ein zweiter Text in der Heiligen Schrift. Er findet nicht nur reichlich Gebrauch in der Kirche, sondern auch Akzeptanz außerhalb. Barack Obama hat kürzlich eine Zeile in einer seiner Reden für ihn verwandt und von dem Kabarettisten Hans-Dieter Hüsch ist der Satz bekannt: „Für die, die sich jetzt entzweit sehen, empfehle ich 1 Korinther 13". Man kann sich zu diesem hoffnungsvollen, eindrücklichen Text in der Bibel flüchten, ja dort bergen.

2. Ein Missverständnis am Text: kein NEIN („Nein" sagen können)

Aber was will er eigentlich sagen? Manchmal ist er so verstanden worden, dass sich Christen für alles verantwortlich fühlen müssen und zu allem JA sagen können und sollen. Manchmal ist es schwierig, zu einer Aufgabe oder zu einer Anfrage NEIN zu sagen. Und der Text legt vielleicht nahe, dass wir dieses NEIN gar nicht sagen dürfen.

Ich glaube allerdings, dass das ein Missverständnis ist. Gleich im ersten Teil spricht Paulus ein behutsames aber deutliches NEIN aus. Ein NEIN zu denen in Korinth, die die Gnadengaben, Zungenreden, prophetisches Reden, das Geben von Almosen und das Martyrium für die höchsten Äußerungen des christlichen Lebens halten. Paulus sagt hier behutsam NEIN. Das alles ist nicht zu verwerfen. Aber seine eigentliche Bedeutung findet es erst in der Liebe, in der Liebe, die von Gott kommt, und die wir uns gefallen lassen sollen.

Es geht Paulus gerade nicht darum, den Korinthern zu zeigen, dass ein moralisches Leben, die Tugenden und das menschliche Opfer das Höchste sind, sondern allein die Liebe. Wir könnten auch sagen: allein Christus. Also auch hier ein behutsames aber deutliches NEIN.

Im Vergleich zu den anderen Religionen, dem Islam, Buddhismus, dem Hinduismus, können wir im Sinne des Paulus auch sagen: ein frommer Mann macht noch keinen Christen. Das wir religiös sind, ja fromm, das teilen wir auch mit den anderen Religionen. Allein wenn man sich von der Liebe Christi bewegen läßt, allein das macht ihn zum Christen, und lässt ihn wahrhaft menschlich werden, womit nicht gesagt sein soll, dass es das Menschliche nicht auch in anderen Religionen gibt. Vielleicht kann man sagen, dass das christliche gerade darin besteht, dass wir uns von anderen nicht unterscheiden müssen, dass wir uns nicht abgrenzen zu brauchen, sondern dass Christus vielmehr verbindet, zusammenbringt, liebt und heilt.

Ich kann mir jedenfalls in dem Begriff der Liebe, wie sie Paulus gebraucht, kein Ausgrenzen denken. Dabei ist auch dieses Lieben in unserem Leben eben Stückwerk, nicht nur die Prophetie, nicht nur die Erkenntnis, sondern auch unsere Liebe. Denn Paulus spricht hier immer von der AGAPE, der göttlichen Liebe. Bin ich denn mehr als ein tönendes Erz und eine klingende Schelle? Ich glaube nicht. Wie oft versagen wir doch aneinander? Und ist nicht unser Leben auch als Gemeinde ganz auf Vergebung angewiesen?

3. Was wirklich gut tönt (Schellen und Glocken)

Wenn ich an die Bilder denke, die Paulus gebraucht, fallen mir die kleinen Lehmkirchen auf dem Hochland in Tansania ein, die wir mit einer Jugendgruppe vor vielen Jahren besucht haben. Diese Kirchen in Tansania wurden von den Menschen meist in Eigenarbeit gebaut. Und das Geld reichte oft nicht für eine Glocke. Also nahm man eine alte, ausgediente Autofelge, hängte sie an einen Baum und läutete damit zum Gottesdienst. Kein sehr wohltuender Klang. Aber es funktionierte. Die Leute kamen.

In meiner ehemaligen Gemeinde in Hohenbruch wurde vor kurzem der Glockenturm und auch die Glocke saniert. Es kostete ungefähr 50 000 Euro. Auch in Hohenbruch, einer übrigens reformierten Gemeinde, in der ich 4 Jahr lang predigte, wird nun zum Gottesdienst geläutet und die Menschen kommen. Es ist Gott ein geringes durch viel oder wenig zu helfen. Und er kann auch durch lärmendes Erz und klingende Schellen wirken.

4. Nicht mehr als eine lärmende Zimbel (Was bin ich?)

Der Prediger Wilhelm Busch, nicht der Schriftsteller, sondern der Prediger der bekennenden Kirche, sagte einmal: Ein Prediger muss ein Wegweiser sein. Er muss die Richtung anzeigen. Der Wegweiser kann alt, vermodert, verdorrt und verwittert sein. Aber er muss auf Christus hinweisen.

Paulus macht in seinem Lied über die Liebe nichts anderes. Auch er war ein Wegweiser auf Christus. Viele hielten ihn gerade für keinen sehr beeindruckenden Menschen im Kontrast zu den sogenannten „Superaposteln" in der Gemeinde. Und Paulus behauptete auch nicht, dass wir durch die Liebe zu Superaposteln werden. Sondern wir werden durch die Liebe zu Menschen.

5.Liebe ist Freiheit (Wie man ein Instrument hält)

Wir sollen und können uns Christi Liebe gefallen lassen. Und diese Liebe führt uns in die Freiheit. Ein Stück Freiheit können wir wagen. Das ist der einzige Weg zur Liebe. Ich vergleiche es mit einem Musiker. Wenn er sein Instrument zu sehr festhält, wenn er sich verkrampft an ihm vergreift, dann gibt es keinen schönen Ton. Die Musik wird gedämpft. Aber zuerst spielt Gott eine Musik für uns: und die Melodie sagt: Du bist geliebt. Diese Liebe hört niemals auf. Sie trägt alles, sie glaubt alles, sie hofft alles, sie duldet alles. Sie trägt dein Versagen. Sie glaubt, dass Du Gottes Kind bist, auch wenn du es selbst nicht glaubst. Sie hofft für dich das Beste, immer. Sie duldet auch, dass du Dich einmal Gott abwendest und eigensinnig bist und handelst. Sie gibt dich aber niemals auf.

Weil wir diese Musik hören, können wir anfangen, unseren Griff zu lockern, was auch immer wir meinen in den Händen zu halten, das können wir freigeben. Und dann werden wir die Erfahrung machen, es neu geschenkt zu bekommen. Aber anders. Durch die Liebe. Sei es der Partner, die Kinder, die Gemeinde, Ansprüche an unser Leben, Erwartungen, Enttäuschungen. Alles können wir loslassen, weil Gott uns unendlich liebt, und für uns sorgt.

Den streng Glaubenden sagt Paulus ja auch: ihr könnt euren Druck zum Gläubig-sein aufgeben, auch hier loslassen! Gott sorgt dafür, dass ihr geliebt werdet, dass ihr an Christus glaubt. Und den Glauben könnt ihr ja auch nicht selbst machen, nicht durch euer Martyrium, nicht durch Almosen, nicht durchs Verbrennen.

Lasst aber die Liebe Gottes brennen in euren Herzen.

So ein Loslassen in der Theologie und in der Kirche kann auch heißen, sich von dem vermeintlich dogmatisch Richtigen zu verabschieden. Der Kirchenvater Augustinus hat einmal gesagt: Jeder dogmatische Satz, jeder Lehrsatz in der Kirche, muss daran gemessen werden, dass er die Liebe Gottes zum Ausdruck bringt. Wenn er dem anderen diese Liebe bezeugt, dann ist er richtig!

Was will aber dann Paulus erreichen mit seiner Predigt? Wenn er die Korinther nicht zu Superaposteln machen will, auch nicht zu perfekt moralisch lebenden Menschen?

Was soll dann der Nutzen dieser Liebe sein? Es ist allein dieses: dass wir sie uns gefallen lassen. Dass wir es gut an ihr haben. Dass wir spüren, dass die Liebe für uns gemeint ist und dann sollen und können wir aus ihr leben.

6.Die Macht der Liebe – Liebe verwandelt

Die Liebe hat eine solche Macht, dass sie Umstände und Situation, Menschen und ganze Gemeinden verändern kann. Ja, sie kann aus einem einfachen Stück trockenen Brotes ein herrliches Mahl zaubern. Das erleben wir doch immer wieder im Heiligen Abendmahl.

Auf diese Liebe kannst du dich verlasen. Sie hört niemals auf. Und sie trägt in Ewigkeit den Sieg Gottes in die Herzen der Menschen. Sie ist unerschöpflich, lässt sich nicht erbittern und bleibt in Ewigkeit, sodass wir einmal nicht nur wie durch ein dunkles Bildes sehen werden, sondern dann in der Ewigkeit Gott ganz begreifen, ja ihn selbst sehen werden von Angesicht zu Angesicht. Amen.

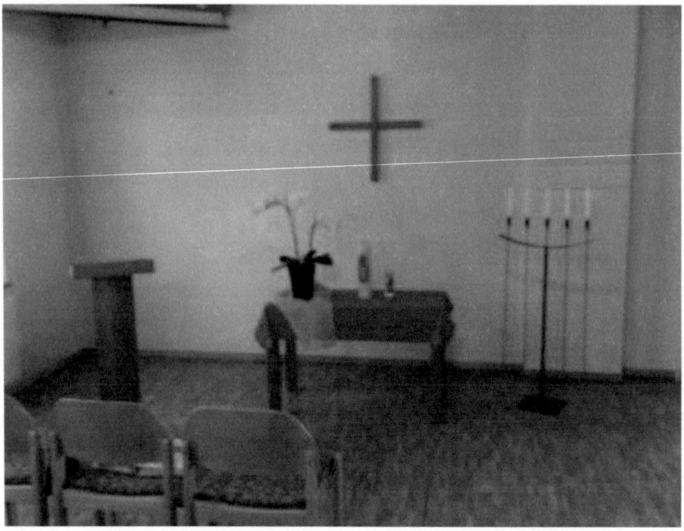

Ehemaliger Gottesdienstraum der Evangelisch-methodistischen Kirche in Flawil (Schweiz)

Der Herr ist der Geist (22.)

Predigt über 2. Korinther 3,1-3.17.18) in der Evangelisch-methodistischen Kirche Flawil

Blick durch die Berliner Mauer in der Bernauer Straße an der Mauergedenkstätte (Berlin).

3 1 Fangen wir denn abermals an, uns selbst zu empfehlen? Oder brauchen wir, wie gewisse
Leute, Empfehlungsbriefe an euch oder von euch? 2 Ihr seid unser Brief, in unser Herz
geschrieben, erkannt und gelesen von allen Menschen! 3 Ist doch offenbar geworden, dass ihr
ein Brief Christi seid, durch unsern Dienst zubereitet, geschrieben nicht mit Tinte, sondern
mit dem Geist des lebendigen Gottes, nicht auf steinerne Tafeln, sondern auf fleischerne
Tafeln, nämlich eure Herzen.

3 17 ***Der Herr ist der Geist; wo aber der Geist des Herrn ist, da ist Freiheit.*** *18 Nun aber*
schauen wir alle mit aufgedecktem Angesicht die Herrlichkeit des Herrn wie in einem Spiegel,
und wir werden verklärt in sein Bild von einer Herrlichkeit zur andern von dem Herrn, der
der Geist ist. (Lutherbibel 1984)

"*You are leaving the American sector*!" "Sie verlassen jetzt den amerikanischen Sektor!", stand in großen Buchstaben auf dem Schild zu lesen, in English, Russisch und Französisch, und etwas kleiner dann noch auf Deutsch. Das Schild stand genau vor der Berliner Mauer auf der Westseite. Würde man also vom Westen aus über die Mauer steigen, hätte man den amerikanischen Sektor verlassen. Was für ein Irrwitz, dachte ich immer, ist dieses Schild. Die Mauer war ja unüberwindbar. Wie sollte man denn den amerikanischen Sektor verlassen? Es zeugte wohl noch von einer Zeit, in der die Sektorengrenzen frei passierbar waren. Es zeigte vor und nach dem Mauerbau an: wer hier weitergehen würde, käme in eine andere Zone, eben in die sowjetische besetzte, später DDR genannt. Doch wollte man wirklich weitergehen? Wollte man sich wirklich diesem neuen Gebiet aussetzen?

Ein Schild. Eines von vielen. Mit großen schwarzen Buchstaben beschrieben.

Ein anderes Schild, ein einzigartiges hing über einem Balken aus Holz. Pilatus hatte es anbringen lassen mit großen Buchstaben, für alle deutlich zu lesen. In drei Sprachen erklärte es, worum es ging: in hebräischer, lateinischer und griechischer Sprache war deutlich zu lesen: Jesus von Nazareth, der König der Juden. Da hing er. Und über ihm das Schild.

Gott hatte seine eigenen Grenzen hinter sich gelassen. War Mensch geworden. Hatte er Grenzen überschritten, von Menschen gesetzt? Er hatte von Menschen gesetzte Ordnungen in Frage gestellt. Man nannte es Religion. Er hatte sich besonders mit deren Vertretern, den Gesetzeslehrern gestritten. Oder bestand sein Fehler darin, dass er zwischen die Fronten geraten war? Auf Minenfelder menschlicher Bosheit und Schuld, politischer Affären und nationaler Verstrickungen.

Über ihm ein großes Schild, für alle gut sichtbar. Geschrieben von Menschenhand. Gott war eben weitergegangen.

Als der Apostel Paulus an seine Schwestern und Brüder in Korinth schrieb, erinnerte er sie daran, dass etwas Besonderes mit ihnen geschehen war. Der Glaube war keine leere Phrase. Gott selbst hatte auf die Tafeln ihrer Herzen geschrieben. Mit großen Buchstaben, oder ganz ohne Schrift. Jedenfalls wussten sie, etwas war ihnen unverkennbar einverleibt worden. Etwas Unerklärliches. Übernatürliches. Der Geist Gottes hatte auf die Tafeln aus Fleisch geschrieben, auf ihren Herzen, nicht nur lesbar, sondern jederzeit spürbar. Nicht als Schrift im üblichen Sinne, mehr ein Eindruck, dass der Gott und Vater Jesu Christi sie liebt. Bedingungslos und unendlich. Und dass sein Geist in ihnen wohnte. Gottes Liebe hatte Kreise gezogen, hatte sie selbst zum Schild, zum Brief Christi werden lassen, auf dem deutlich zu lesen war: Du bist angenommen, so wie du bist. Du bist geliebt. Komm, feier mit uns das Fest der Freude im Geiste Jesu Christi.

In diesem Aufdruck und Abdruck der Liebe Gottes in ihrem Herzen war alles enthalten. Die

Liebe Gottes zu den einfachen Menschen in Korinth, zu den Hafenarbeitern, den Ausländern, den Prostituierten, den Waisen und Witwen, den Sklaven und jenen, die aus den Kriegen zurückgekehrt waren, verwundet, verletzt, ohne Hoffnung, am Ende mit ihren Kräften. Gott war eben weitergegangen.

In dieser wortlosen Schrift, geschrieben von Gottes Hand, Aufdruck vom Heiligen Geist, war alles enthalten: *„Also hat Gott die Welt geliebt, damit alle, die an ihn glauben nicht verloren werden, sondern das ewige Leben haben.*“ (Joh 3, 16)

In diesen durch Liebe berührten Herzen spürte jeder die Liebe des Vaters zur ganzen Welt, dass der Glaube weltumspannend jeden Menschen auf dieser Welt anging. Dass kein Mensch über diese Erde wandelt, den Gott nicht liebt. All das konnte man lesen, in den wortlosen, durch den Heiligen Geist hinterlassenen Abdrücken der Liebe Gottes, geschrieben auf den Herzen der Korinther.

Der Schreiber dieser wortlosen Buchstaben war der Heilige Geist. Seine Handschrift war klar. Sie sagte dem Paulus aber noch mehr. Sie sagte ihm oft: Du bist noch nicht am Ende. Du stehst in meinem Dienst. Du musst weiter. Oder: z.B. Du verlässt jetzt den Sektor von Korinth!

Du verlässt die Sektorengrenze von Jerusalem! Die ersten Christen vernahmen aber nicht nur die Botschaft des Geistes durch die Tafel ihres Herzens, sondern auch durch seine Gegenwart und sein Wirken in der Welt. Der Geist Gottes begann unter den Heiden zu wirken. Eine alte Grenze zwischen Juden und Völkerwelt war weggeräumt. Eine alte Mauer war gefallen, auch wenn sie nicht so undurchdringlich gewesen war, wie die Berliner Mauer. Die Sektorengrenzen der Synagoge, des Judenchristentum waren überwunden, alte Traditionen lagen hinter uns. Sie waren wichtig. Aber nicht mehr zur Ab- und Ausgrenzung.

Derselbe Geist, der auf die Tafeln ihrer Herzen geschrieben hatte, mit großen Buchstaben: Die Liebe hört niemals auf! Derselbe Geist rief auch in ihm das Wort Jesu wach: *„Gehet hin in alle Welt und lehret alle Völker und taufet sie auf den Namen des Vaters und des Sohnes und des Heiligen Geistes.“* (Matth 28, 19)

Als John Wesley im 18. Jahrhundert durch seine radikalen Predigten mehr und mehr auffiel und schließlich in der Anglikanischen Kirche Predigtverbot bekam, zog an vor die Fabriktore, zu den Wegen, auf denen die Arbeiter müde und erschöpft ihren Nachhauseweg antraten. Er predigte im Freien und wurde auch dort von den Theologen der Staatskirche angegriffen: „Mr.

Wesley. This is not your parish! Herr Wesley, das ist nicht ihr Gemeindebezirk, ihr Kirchspiel, in dem sie hier stehen und predigen!“ John wusste das. Und er antwortete: “The world is my parish. Die Welt ist meine Gemeinde.“

Die Welt ist die Gemeinde des Geistes Gottes. In ihr wirkt er als Schöpfung, als Weisheit und als Hauch Gottes.

Der Geist Gottes hatte Wesley gerufen, die Sektorengrenze der anglikanischen Kirche hinter sich zu lassen. Und der Stein, den die Bauleute verworfen hatten, war zum Eckstein geworden für die junge methodistische Bewegung. Fortan war John Wesley skeptisch gegen alles streng Formale. Denn er wusste aus persönlicher Erfahrung, dass der Geist Gottes sich selber Wege und Formen schaffen würde. Sein Weg entstand, indem er ihn ging.

Keine Liturgie, keine Formel, keine Dogmatik, kein Kirchgebäude konnte den lebendigen Gott einfangen und bändigen. Gott war auf dem Weg zu den Menschen. Um ihm dahin zu folgen, brauchte es mehr als das Einhalten von Geboten, mehr als den sonntäglichen Gottesdienst als Übung des Anstands, mehr als ein Christentum, das die Reichen lobte und über dem Unrecht und der Sklaverei in der Welt die Augen zukniff.

Paulus hatte die Sektoren Korinth, Ephesus, Jerusalem nur noch im Rücken. Der Geist trug ihn aber bis an die Enden der Welt. Dort wollte er hin, denn die Sache des Evangeliums war nichts Geringes. Und das Evangelium ließ sich nicht aufhalten, auch wenn Paulus zuweilen im Gefängnis saß. Der Geist Gottes war der eigentliche Missionar und er überwand alle von Menschen gesetzten Sektorengrenzen.

Auch heute fordert uns Gottes Geist heraus, die Sektoren unseres Denkens, unsere bequemen und gewohnten Wege zu verlassen. Auch heute schafft er in uns einen neuen Mut, mit dem wir Mauern überwinden, Hindernisse für andere Menschen aus dem Weg räumen können. *„Denn der Herr ist der Geist. Wo aber der Geist des Herrn ist, da ist Freiheit!“* (2. Kor 3, 17) Eine Freiheit geborgen in einer Herrlichkeit, die uns verwandelt in das Bild dessen, der uns schuf, verklärt von Herrlichkeit zu Herrlichkeit. Amen.

Die Kleider des Heils (23.)

Predigt über Kolosser 3, 12-17 in den Dorfkirchen der Evangelischen Kirchengemeinde Schönefeld und Großziethen (bei Berlin)

3 12 So zieht nun an als die Auserwählten Gottes, als die Heiligen und Geliebten, herzliches
Erbarmen, Freundlichkeit, Demut, Sanftmut, Geduld; 13 und ertrage einer den andern und
vergebt euch untereinander, wenn jemand Klage hat gegen den andern; wie der Herr euch
vergeben hat, so vergebt auch ihr! 14 Über alles aber zieht an die Liebe, die da ist das Band
der Vollkommenheit. 15 Und der Friede Christi, zu dem ihr auch berufen seid in *einem* Leibe,
regiere in euren Herzen; und seid dankbar.

16 **Lasst das Wort Christi reichlich unter euch wohnen: Lehrt und ermahnt einander in
aller Weisheit; mit Psalmen, Lobgesängen und geistlichen Liedern singt Gott dankbar in
euren Herzen.** 17 **Und alles, was ihr tut mit Worten oder mit Werken, das tut alles im
Namen des Herrn Jesus und dankt Gott, dem Vater, durch ihn.** (Lutherbibel 1984)

Liebe Gemeinde,

ein Text voller Befehle. Natürlich ist auch viel von der Liebe und dem Frieden Christi die Rede. Aber kann man die Liebe befehlen, anordnen?

Im griechischen Text ist das erste Wort auch gleich eine Befehlsform. Es kann übersetzt werden mit „zieht an“, oder „umhüllt euch!“, „bekleidet euch!“. Und der griechische Leser dachte hier sicherlich nicht an einen Schal, eine Weste oder sonst ein nicht so wichtiges Kleidungsstück, sondern eher an eine weite Toga. Einen Mantel. An eine von jenen weiten Umhängen, die damals üblich waren, auch bei Männern. Wenn sie vielleicht an die großen Philosophen Aristoteles, Sokrates oder Platon denken, wie sie dargestellt werden, mit ihren weiten Umhängen, Mänteln. So wandern sie durch die Säulenhallen und philosophieren, besonders Aristoteles – dann haben wir ungefähr die richtige Vorstellung von der Art Mantel oder Kleidung, die hier gemeint ist. Kein Kleidungsstück, dass nur für eine besondere Körperpartie gedacht ist, kein Schal, kein Hut, kein Strumpf, sondern ein Kleid, dass den ganzen Körper einhüllt, umfängt und den ganzen Menschen zu einem neuen Aussehen und

Wesen bringt. Dieses neue Kleid, das hier angelegt werden soll, betrifft die ganze Existenz des Menschen.

Was ist das aber für ein Kleid? Und welche Funktion hat es? Ist es nur eine dünne äußere Haut, die den wahren Kern des Menschen abdecken, verdecken soll, die uns verstecken spielen lässt. Wir erscheinen in einem schönen Out-fit, aber der wahre Mensch bleibt darunter nicht erkennbar?

Ich glaube, liebe Gemeinde, dass die Menschen in Kolossä viel besser wussten, von welcher Art Kleid hier die Rede ist. Für den Verfasser, als auch für die Gemeinde stand im Hintergrund ein biblischer Sprachgebrauch, den wir uns erst wieder in Erinnerung rufen müssen. So heißt es z.B. bei Jesaja im 61. Kapitel:

„*Ich freue mich im Herrn, und meine Seele ist fröhlich in meinem Gott; denn er hat mir die Kleider des Heils angezogen und mich mit dem Mantel der Gerechtigkeit gekleidet.*“

Kleider des Heils, der Mantel der Gerechtigkeit. Die Gerechtigkeit, die uns zugesprochen wird durch den Tod und die Auferstehung Jesu Christ. Paulus spricht sogar davon, dass die Gemeinde, so sie im Glauben steht, Christus selbst angezogen hat.

„*Christi Blut und Gerechtigkeit, das ist mein Schmuck und Ehrenkleid*“ heißt es in einem alten Kirchenlied.

Es ist ein Kleid, das uns Gott, der Vater, schenkt, aus lauter Liebe.

So wie der Träumer Joseph im Alten Testament, der Sohn von Jakob und Rahel, von seinem Vater ein schönes Kleid geschenkt bekommt. Obwohl Joseph auch seinem Vater sehr wunderlich erscheint mit seinen Träumen und Visionen, hat er ihn doch sehr lieb. Und doch bekommt er dieses wunderschöne Kleid.

Aber das Kleid des Heils ist nicht nur ein äußerer Schmuck. Es besteht nicht nur aus einem neuen Verhalten, oder einer neuen gesellschaftlichen Stellung.

Um die einzigartige Qualität dieses Kleides zu verdeutlichen, lassen Sie mich hier ein Beispiel anführen, dass sich mir in den letzten Tagen aufgedrängt hat. Wir sind in der Gemeinde gerade dabei, den Kinderkirchentag vorzubereiten. Das Thema für unser Treffen lautet dieses Jahr „Tiere in der Bibel“. Und da habe ich mich besonders ein wenig mit Schafskunde beschäftigt. Nehmen wir also einmal dieses Schaf. *(Ich hole ein kleines Spielzeugschaf hervor und zeige es der Gemeinde.)*

Es ist doch ein wunderbares Geschöpf, ein wirklich besonderes Tier. Oft höre ich Pfarrer oder Christen sagen, eigentlich ist das kein gutes Symbol, dass so oft in der Bibel vorkommt. Ich will nicht sein wie ein Schaf, das immer nur hinter dem Hirten hinterher trottet und irgendwie nicht besonders verschlagen ist.

Aber so ein Schaf hat doch ein Kleid, ich meine ein Fell. Und dieses Fell wächst sozusagen von innen heraus. Es umkleidet sein ganzes Wesen. Es hält warm, und ist immer gut gekleidet.

So ist das auch bei uns. Die Kleider des Heils wachsen uns von innen heraus, aus einer persönlichen Beziehung zu Gott, aus der Verbundenheit mit ihm im Gebet, in der Gemeinde, der Herde, und durch die Gemeinschaft mit anderen Christen. Durch das Wort Gottes, durch das Hören seines Wortes und dem Versuch, nach ihm zu leben.

So ein Schaf wird nun auch manchmal geschoren. Das passiert uns auch. Es gibt schon einmal Situationen, Lebensabschnitte, in denen uns alle Felle wegschwimmen, unser Glauben daniederliegt, und wir nicht mehr weiter wissen. Doch auch dann dürfen wir an der Hoffnung festhalten, die Gott für uns bereit hält. Denn er lässt nicht ab von uns, und sorgt dafür, dass unser Kleid des Glaubens wieder nachwächst, von innen heraus, und von ihm erneuert wird. Das können wir erfahren, wenn wir uns an ihn halten und im Gebet und Glaubenslied, in der Bibel und im Gespräch mit anderen Christen Trost und Gemeinschaft mit ihm suchen.

Neulich gab es im Fernsehen eine Sendung über Schafe. In ihr wurde erwähnt wie viel Wolle so ein Schaf abwirft: 27 kg sind es, nach den Aussagen von Herrn. W., aus unserem Bibelkreis, der diese Sendung noch intensiver verfolgt hatte als ich. Stellen Sie sich das einmal vor: 27 Kilo Wolle, Schafswolle. Damit kann man vielen Menschen Wärme geben. So ist es auch mit dem christlichen Leben. Es spendet Wärme für viele Menschen, denen wir begegnen. Sie, liebe Gemeinde, können diese Wärme an andere weitergeben.

Doch unser Kleid, seien wir mal ganz ehrlich, unsere Existenz und unser Sein, es ist immer noch von vielen Unversöhnlichkeiten, von Fragen und Zweifeln bestimmt. Auch wenn wir uns immer wieder neu überkleiden lassen von Gott durch seinen guten Geist, durch Musik, die uns ganz umfängt, durch Psalmen und Worte der Bibel, die unser Herz fröhlich machen.

Ich denke an Menschen, die nach Gerechtigkeit fragen, die Gott auch anklagen, und sich fragen, warum ihnen die schlimmen Dinge in ihrem Leben widerfahren mussten, die sie erlebt haben. Umstände und Situationen hat sie getroffen, an denen sie wirklich ganz unschuldig sind.

Ich denke an Menschen im mittleren Alter, die zur Zeit der DDR Christen waren, kein Abitur machen durften, nicht studieren konnten. Und jetzt nach dem Fall der Mauer war ihr Leben schon in geordneten Bahnen. Sie hätten vielleicht viel mehr aus ihrem Leben machen können, aber die Umstände ließen es nicht zu.

Oder wie ist es mit der Generation meiner Eltern. Ich habe zwar nie bewusst Klagen gehört, aber Menschen, die in ihrer Jugendzeit den II. Weltkrieg erlebt haben, hatten in der Nachkriegszeit einfach nicht die Möglichkeiten, eine Berufsausbildung oder ein Studium zu beginnen. Die Zeit war hart, es gab andere Sorgen. Aber was konnte der einzelne, besonders der junge Mensch dafür, dass er gerade in dieser ungünstigen Zeit groß geworden war?

Unser Glaube ist also oft ein Mischgewebe von alten Unversöhnlichkeiten, Zweifeln und Fragen auf der einen Seite, und dem Glaubenskleid Gottes auf der anderen Seite. Das Kleid des Heils hält Gott beständig für uns bereit, und er selbst sorgt dafür, dass es weiterwächst und uns zu neuen Menschen macht. Die alte Unversöhnlichkeit wächst dabei heraus, und immer strahlender wird unser ganzes Wesen unsere neue Existenz in Christus.
Gott wird nicht aufhören mit seiner Gnade und seinem Heilshandeln. Und so lesen wir im Buch der Offenbarung, welche Zukunft wir als Menschen des Glaubens bei Gott haben.

Der Seher Johannes sieht hier in einer prophetischen Vision Menschen mit weißen Kleidern, die sich vor Gottes Thron sammeln.

Ich lese aus dem **7. Kapitel:** *„Danach sah ich, und siehe, eine große Schar, die niemand zählen konnte, aus allen Nationen und Stämmen und Völkern und Sprachen; die standen vor dem Thron und vor dem Lamm, angetan mit weißen Kleidern und mit Palmzweigen in ihren Händen, und riefen mit großer Stimme: Das Heil ist bei dem, der auf dem Thron sitzt, unserm Gott, und dem Lamm! Und alle Engel standen rings um den Thron und um die Ältesten und um die vier Gestalten und fielen nieder vor dem Thron auf ihr Angesicht und beteten Gott an und sprachen: Amen. Lob und Ehre und Weisheit und Dank und Preis und Kraft und Stärke sei unserm Gott von Ewigkeit zu Ewigkeit! Amen.*

Und einer der Ältesten fing an und sprach zu mir: Wer sind diese, die mit den ***weißen Kleidern*** *angetan sind, und woher sind sie gekommen? Und ich sprach zu ihm: Mein Herr, du weißt es. Und er sprach zu mir: Diese sind's, die gekommen sind aus der großen Trübsal und haben ihre Kleider gewaschen und haben ihre Kleider hell gemacht im Blut des Lammes. Darum sind sie vor dem Thron Gottes und dienen ihm Tag und Nach in seinem Tempel; und der auf dem Thron sitzt, wird über ihnen wohnen. Sie werden nicht mehr hungern noch* *dürsten; es wird auch nicht auf ihnen lasten die Sonne oder irgendeine Hitze; denn das Lamm mitten auf dem Thron wird sie weiden und leiten zu den Quellen des lebendigen Wassers, und Gott wird abwischen alle Tränen von ihren Augen*." (Offb. 7, 9-17)

Gott wird also nicht aufhören uns zu umfangen mit Kleidern des Heils, liebe Gemeinde, er wird uns versorgen mit seinem Geist, mit seiner Liebe und uns umhüllen mit dem Mantel der Gerechtigkeit, bis unser Glaubenskleid ganz weiß wird und wir ihn selber sehen vor dem Thron seiner Herrlichkeit. Amen.

Gottes Aufgebot (24.)

Predigt am 1. Weihnachtsfeiertag zu Titus 3, 4-7 in der Evangelisch-methodistischen Kirche Baden (Schweiz)

3 4 Als aber erschien die Freundlichkeit und Menschenliebe Gottes, unseres Heilands, 5
machte er uns selig – nicht um der Werke der Gerechtigkeit willen, die wir getan hatten,
sondern nach seiner Barmherzigkeit – durch das Bad der Wiedergeburt und Erneuerung im
Heiligen Geist, 6 den er über uns reichlich ausgegossen hat durch Jesus Christus, unsern
Heiland, 7 damit wir, durch dessen Gnade gerecht geworden, Erben des ewigen Lebens
würden nach unsrer Hoffnung. (Lutherbibel 1984)

Berlin ist mein Heimatort. Noch genauer der Bezirk Tempelhof. Früher war er bekannt für den Tempelhofer Flughafen. Heute immer noch für das Luftbrückendenkmal. Der Flughafen wurde inzwischen geschlossen. Ich wuchs auf im damals amerikanisch besetzten Teil Berlins. Und am Flughafen sah man oft GI's in ihren Uniformen. Schon als Kind hatten mich die Amerikaner beeindruckt. Als Jugendlicher hatte ich Kontakt mit Freiwilligen aus den USA, die in unseren Gemeinden arbeiteten. Damals war auch einer unserer Gemeindepfarrer Amerikaner.

Ich erinnere mich noch gut, dass es einmal einen Gemeindeabend gab in der Evangelischen Kirchengemeinde in Mariendorf, an der auch einige amerikanische Gäste teilnahmen. In den Gesprächen merkten wir sehr bald, dass ihre Gesprächskultur anders war. Oftmals schossen sie mit Fragen heraus, die wir uns selbst gar nicht so direkt zu stellen trauten.

Eine dieser Fragen blieb mir tief im Gedächtnis. Auch weil sie mich ein wenig geärgert hat. Ich erinnere mich nicht mehr an die Einzelheiten in dem Gespräch davor und danach. Jedenfalls fragte uns einer von den amerikanischen Gästen: „Wenn ihr einmal in den Himmel kommt, und Petrus steht an der Himmelspforte und fragt euch dann, was ihr vollbracht und erreicht habt in eurem Leben, damit er euch Einlass gewähren sollte, was würdet ihr ihm dann sagen!"

Ich antwortete ihm nach einer kurzen stillen Zeit, nicht so sehr zum Nachdenken, als vielmehr um den Schock zu verarbeiten. Ich sagte nur: „Lord, have mercy!"

„Herr, sei mir gnädig!" - Ich wüsste auch heute keine bessere Antwort.

Hinterher dachte ich, dass es in den USA doch eine ganze Menge von Leuten geben müsste, die versuchten, sich durch gute Werke den Eintritt in den Himmel zu verdienen versuchten. Dass es doch auch viel Werkgerechtigkeit geben müsse. Doch die gibt es eigentlich doch auch

bei uns. Wie oft habe ich in meinem Umfeld den Satz gehört: „Ich habe mir doch nichts zu Schulden kommen lassen!“ Und man meint damit seine eigene bürgerliche Existenz, dass man nicht gestohlen hat, nicht gemordet, usw.
„Ich habe mir nichts zuschulden kommen lassen.“
Christen können das niemals von sich behaupten. Es ist auch nicht nötig, in einen künstlichen Schuldkomplex zu verfallen, oder sich alle möglichen Verfehlungen und Schuldzuweisungen einzureden. Aber wenn wir wirklich etwas von dieser übernatürlichen Gnade Gottes erfahren haben, unter der wir spüren, dass Gott uns bedingungslos annimmt, uns frei spricht und uns liebt, dann wissen wir auch, dass wir mit unserer tätigen Liebe hinter dieser Erfahrung weit zurückstehen. Dann wissen wir, dass wir unserem Nächsten, Gott, ja, und auch uns selbst viel mehr Liebe schulden, als wir bisher aufbringen konnten. Wir erkennen das mit einem lachenden und mit einem weinenden Auge. Das weinende Auge sagt uns, dass wir eigentlich am Ziel vorbei gelebt haben, dass wir viel mehr hätten lieben können, so viel mehr Liebe hätten austeilen können, weil wir so sehr von Gott geliebt sind. Das lachende Auge aber sieht und spürt, dass wir selbst von Gott geliebt sind, mit all unserer Schuld, mit unserem Getrenntsein von Gott, mit unseren Fehlern und Macken, mit unserem Versagen und unserer Angst.
Im Titusbrief lesen wir es jedenfalls sehr deutlich und formelhaft: *„...nicht um der Werke willen der Gerechtigkeit, die wir getan hatten, sondern nach seiner Barmherzigkeit machte er uns selig durch das Bad der Wiedergeburt und Erneuerung des Heiligen Geistes.“* (Titus 3, 5)
Nicht durch Werke werden wir gerecht, allein durch den Glauben erlangen wir die Seligkeit.
Das ist Gottes unglaubliches Aufgebot hier zu Weihnachten. Das Kind in der Krippe, durch das uns die Menschenliebe und Freundlichkeit Gottes entgegen strahlt. In der Krippe stirbt jedes Gottesbild, das Gott zum zornigen Richter, zur Gestalt eines diktatorischen Herrschers machen will. Ein für allemal hat hier in der Krippe Gott sein wahres Gesicht gezeigt. Und es ist ein Gesicht der Freundlichkeit, Menschenliebe und Barmherzigkeit.
Und es ist das edelste, was Gott uns Menschen zu geben hatte. Nichts hat er uns vorenthalten. Nichts nur für sich reserviert. Schließlich und endlich hat er in Jesus Christus gezeigt, dass er aus Liebe zu den Menschen alles wagt.
In diesem Bild der Liebe Gottes stirbt auch jede Hoffnungslosigkeit, jeder Schicksalsglaube, den wir auch so manches Mal als christlich ansehen. Gott geht in seiner Zuwendung zu uns Menschen tatsächlich weiter als wir jemals zu hoffen wagten.
Mir wird das immer wieder deutlich an der Geschichte von den Pächtern des Weingartens (Mt 21,33). Einige von Euch kennen sie sicherlich ganz gut. Jesus erzählt ja oft Geschichten, in denen es um einen Weinberg und deren Besitzer geht. In dieser Geschichte steht nun kurz die

Ernte bevor. Und der Weinbergbesitzer denkt, er möchte nun seinen Anteil von den Pächter einholen. Als er seine Diener zu den Pächtern schickt, werden die allerdings nur geschlagen, gedemütigt und wieder mit leeren Händen nach Hause geschickt. Schließlich denkt sich der Weinbergbesitzer, jetzt werde ich meinen eigenen Sohn schicken. Vor dem werden sie Respekt haben. Aber als er ihn schickt, denken die Pächter nur, wenn wir ihn jetzt umbringen, dann gehört der Weinberg uns.

Liebe Gemeinde, wir können aus dieser Geschichte lernen, wie radikal Gottes Liebe, seine Anteilnahme, seine Barmherzigkeit an uns Menschen im Kind in der Krippe zum Ausdruck kommt. Deshalb denke ich, können auch wir niemals einen Menschen oder eine Gruppe von Menschen aufgeben. Wir sind fast schon daran gewöhnt, im Fernsehen oder auch in unserer weiteren Umgebung von Leiden und Schicksalen zu hören und diesen Leiden unbeteiligt gegenüber zu stehen. Es scheint auch manchmal eine christliche Haltung zu sein, zu denken, dass diese Dinge alle nach Gottes Willen geschehen. Da kann man eben nichts machen. Und wir lassen uns in eine Haltung des Zusehens und Dabeistehens verführen.

Aber ich glaube, dass Gottes Liebe nie jemanden aufgibt Und wenn wir wirklich von dieser Liebe ergriffen sind, wissen wir uns gerufen Zeugen dieser Liebe auch in tiefster Dunkelheit zu sein. Es mag Situationen und Ereignisse geben, in denen gerade Sie, allein Sie, ein Zeichen der Liebe Gottes setzen können, wenn Menschen gemobbt werden, wenn es um Menschen geht, die von anderen im Stich gelassen werden.

Ein gutes Beispiel für diese radikale Liebe ist der Theologe Dietrich Bonhoeffer, der sich mitten im Krieg dazu berufen fühlte, in sein Heimatland zurückzukehren, dort mit den Menschen auszuhalten, und doch noch eine Chance sah, das Naziregime zu bekämpfen.

Vielleicht ist uns selber diese Liebe zu radikal. Oftmals überfordert sie uns vielleicht auch. Aber wir alle, wie wir hier sitzen, leben von ihr, dass Gott in dem Jesuskind Mensch geworden ist und wir gerecht werden allein durch den Glauben. Und unsere Seligkeit hängt auch nicht daran ob wir es jemals schaffen, diese Liebe auch in die Tat umzusetzen.

Aber wenn wir uns diese Neugeburt aus dem Heiligen Geist gefallen lassen, diese Erneuerung des inneren Menschen mit uns geschehen lassen, müssen wir damit rechnen, dass wir mit Gottes Hilfe weiter zu gehen wagen, als wir es uns jemals allein zugetraut hätten. Amen.

Heimat bei Gott (25.)

Predigt zum Sonntag Invokavit in den Dorfkirchen der Evangelischen Kirchengemeinden Großziethen und Schönefeld über Hebräer 4, 14-16

Die Sonne geht unter hinter Waßmannsdorf. Ich bin mit dem Auto unterwegs von Großziethen nach Schönefeld. Es ist Abend. Der Himmel ist getaucht in seichtes Rot. Die Kühle des Abends mischt sich mit der am Horizont sich verabschiedenden Glut der Sonne. Vom tiefen Dunkel des Abends vor mir, bis zur Helle des Tages hinter mir, die ganze Palette der Farben ist vor mir ausgebreitet. Gott muss ein Künstler sein, ein Poet der Farben, der Düfte und der Winde. Ich werde verführt mich dem Anblick hinzugeben, zu genießen. Die Straße erlaubt es mir nicht, dem Funkeln einzelner Lichter in der Ferne nachzugehen. Was ist das? Sind es Sterne am Abendhimmel, oder Flugzeuge, die in Schönefeld landen wollen?

Noch bin ich in Gedanken bei der Bibelstunde, von der ich gerade komme. Viel Gutes haben wir mit einander geteilt: unsere Lebenserfahrungen, den Glauben der Gemeinde in Korinth, was uns bewegt, ein Gebet, ein Lied, ein Segen. Geschwisterliche Worte der Erbauung. Nach dem Abschied hielt ich einen Moment inne und schaute nach draußen. Vor Küsters Scheune parodierte ein stolzes Pferd, von einer jungen Dame geführt. Für mich Großstädter immer noch ein überraschendes Bild. Ein Bild, das mich im Inneren mit Heiterkeit erfüllt.

Kein Wunder, dass so viele Menschen dieses kleine Dorf am Rande von Berlin zu ihrer neuen Heimat machen, sich hier ein Häuschen bauen, oder eine Wohnung mieten. Hier gibt es tatsächlich noch so etwas wie Heimat, ein Zuhause. Eine vertraute Umgebung. Die Kirche im Dorf, davor die freiwillige Feuerwehr, ein großer Spielplatz, die Grundschule gleich gegenüber. Ein idealer Platz auch für Kinder.

In Schönefeld angekommen muss ich an den Gedenkstein vor der alten Dorfkirche denken, errichtet für die Opfer des Flugzeugabsturzes vor der Küste der Dominikanischen Republik. 189 Menschen hatten im Jahre 1996 beim Absturz einer Maschine ihr Leben verloren. Ganze Familien wurden mit einem Schlage ausgelöscht.

Ich musste an einen Verlust in meiner eigenen Familie denken. Als ich in die vierte Klasse ging, erkrankte mein jüngerer Bruder, damals nur zwei Jahre alt, an Leukämie. Er starb, nachdem er etwa anderthalb Jahre mit der Krankheit gerungen hatte. Niemand konnte ihm helfen. Dieser Tod hatte uns damals tief getroffen.

Ja, diese Erde könnte unser Zuhause sein mit ihrer Schönheit und ihrem Glanz, wenn nicht immer wieder ein Riss durch die Schöpfung ginge. Ereignisse, die uns in tiefes Befremden stürzen, wie z.B. auch den 11. September, lassen uns manchmal nicht zur Ruhe kommen, lassen uns nach Sinn fragen, der über das Sichtbare hinausgeht. Ja, lassen uns angewiesen sein auf ein letztes und aufrichtendes Wort des Trostes und der Zuversicht, auf ein letztes göttliches Ja über unsere ganze Existenz, auf einen letzten Sinn hinter so mancher Sinnleere.

Die Erfahrung des Trostes und der Hoffnung in dunklen Stunden ist nach dem Verfasser des Hebräerbriefes die Frucht der Versuchungen, des Leidens und des Sterbens Christi. Aus dem vierten Kapitel des Hebräerbriefes entnehmen wir den heutigen Predigttext:

Liebe Gemeinde, ich lese ihn nach einer Übersetzung eines Neutestamentlers namens Harald Hegermann:

„Da wir nun einen großen Hohenpriester haben, der die Himmel durchschritten hat, Jesus den Sohn Gottes, lasst uns festhalten an dem Bekenntnis. (15) Wir haben ja nicht einen Hohenpriester, der nicht mitzufühlen vermag mit unseren Schwachheiten, vielmehr erprobt worden ist in jeder Hinsicht auf gleiche Weise, ohne Sünde. So lasst uns hinzutreten mit Freimut zum Thron der Gnade, damit wir Erbarmen empfangen und Gnade finden zu rechtzeitiger Hilfe.“ (Hebr. 4,14-16)

Wir haben nicht einen Hohenpriester, der nicht könnte mitleiden mit unserer Schwachheit, übersetzt Luther. Luther spricht von „mitleiden“, wo Hegermann das Wort im Griechischen mit „mitfühlen“ übersetzt. Beide Übersetzungsvarianten sind richtig. Und nur beide zusammengesehen lassen tiefer verstehen, was gemeint ist. Wir spüren etwas von Gottes Sympathie, von seinem Mitgefühl, aufgrund seines Leidens, seines Mitleidens mit uns.

Christus ist Hohepriester, der gelitten hat, der sich selbst dargebracht hat als Versöhnungsopfer für unsere Ferne von Gott. Er hat unsere Verzweiflung gespürt und erlitten, er hat unsere Gottesferne überwunden, an unserer statt, um uns mit Gott zu versöhnen. Nun können wir mit Zuversicht hinzutreten zum Thron der Gnaden und können Hilfe erfahren von Gott. Kraft seines Leidens richtet uns Christus auf und stärkt uns mit seiner Hilfe. Kraft seiner Herrlichkeit erklingt unser Gotteslob, dringt unser Gebet vor den Gnadenthron Gottes und wird gehört.

Im Loben Gottes erfahren wir Gottes Lob über uns in allen Situationen unseres Lebens. Als Sünder treten wir vor ihn, und er nennt uns seine geliebten Kinder.

Jahre später nach dem Tod meines Bruders fand ich den Weg in einen Kreis unserer jungen Gemeinde. Ich lernte in einem Jungscharkreis ein wenig Gitarre spielen. Die ersten Akkorde waren schnell gelernt. Die Musik wurde mir zum Trost und in so manchem Lied spürte ich, wie etwas in der Musik mir entgegen kam. Eine Botschaft von einem der unendlich fern und doch sehr nahe war. Eines dieser Lieder, die mich in meiner verborgenen Trauer ansprachen, handelte genau von diesem Jesus, der meine Sorgen kannte, der bei mir ausgeharrt hatte, der mit mir gelitten hatte, wie kein anderer. Sie alle kennen dieses Lied. Es ist ein alter Gospelsong.

Der Text geht etwa so: „Niemand weiß von den Sorgen, die ich habe, niemand als allein Jesus. Niemand weiß von dem Schmerz in mir, aber einer kennt ihn: Jesus.“

Wir können hier einen Vers aus dem Hebräerbrief im Vergleich lesen: „*Wir haben nicht einen hohen Priester, der nicht könnte mitleiden mit unserer Schwachheit, sondern der mit uns mitzufühlen vermag.*“

Nobody knows the trouble I've seen,

Nobody knows but Jesus.

Nobody knows the trouble I've seen,

Glory halleluja

Sometimes I'm up, sometimes I'm down.

Oh, yes, Lord.

Sometimes I'm almost to the ground.

Oh, yes, Lord.

Ohne dass ich mir darüber ganz bewusst war, war ich mit meinem Lied hinzugetreten zum Thron der Gnade, hatte gesungen in die Stille hinein zu Gott, und mein Lied wurde beantwortet. Getröstet fand ich mich, gestärkt durch jedes neue, alte Lied. Ich wusste, dass die Musik, die ich da hörte, nicht von mir kam.

Und je länger ich mich mit dem Glauben und der Kirche beschäftigte, desto mehr wurde mir klar: Christus ist unser Seelsorger, er ist der Hohepriester und Hirte unserer Seelen. Er kann helfen und trösten kraft seiner Erprobungen und Leiden, kraft seines Todes und seiner Auferstehung.

Im Matthäusevangelium haben wir heute von den Versuchungen gehört, mit denen Jesus erprobt wurde, bevor er sein Wirken in der Öffentlichkeit begann. Der Teufel persönlich hatte ihm einige Fragen vorgelegt, und Jesus hatte mit ihm gerungen, sie jedes Mal zurückgewiesen mit Worten der Heiligen Schrift. Mit Gottes Wort kämpfte Jesus gegen den Satan, und dieser wusste, dass er das Feld räumen musste. Mit dem vierten Kapitel verschwindet dann auch der Versucher von der Bühne des Geschehens im Matthäusevangeliums. Im Lukasevangelium erscheint der Satan am Anfang der Passionsgeschichte durch den Verrat des Judas.

Jesu Leiden und Sterben wird hier gedeutet als Kampf mit den Mächten des Bösen, als Ringen mit dem Satan, mit Tod und Teufel, würde Luther sagen. Jesu Kreuzigung auf Golgatha war ein Kampf um Leben und Tod, besser: ein Kampf des Lebens und des Todes. Ein kosmisches Ereignis. Satan ging da nicht zimperlich zur Sache. Alle Sünde, alle Verzweiflungen der Menschheit, jede Gottesferne und alle Dunkelheiten der Menschheitsgeschichte, jede Lieblosigkeit und jede Gemeinheit der Menschen warf er auf Christus. Und Christus nahm sie willig an. Er kämpfte wie ein Gentleman, ein Musketier, er, der Fürst des Lebens mit Anstand und mit Regeln. Er kämpfte mit Glauben, Hoffnung und Liebe. Seine Macht war das Wort Gottes. Am Kreuz kannte er nur noch das Wort des Vaters. Und kurz vor seinem Tod hören wir nur noch Psalmenworte aus seinem Mund.

Satan hingegen kannte jede Schliche und jeden Trick und wollte nicht weichen, wusste aber, dass seine Stunden gezählt waren, und dass er gegen den Fürsten des Lebens keine Chance hatte.

Die Versuchungsgeschichte von Jesus in der Wüste kann als ein Vorausbild dieses kosmischen Kampfes gesehen werden. Auch hier muss der Versucher das Feld räumen, auch hier gewinnt Christus das Feld und die Engel dienen ihm letztlich.

Christus als Hoherpriester gibt in diesem Kampf nicht das Blut von Böcken und Lämmern zum Opfer, sondern er selbst gibt sein Leben als Sühne für die seinen. Er muss dies auch nicht wiederholt tun, wie die Hohenpriester des Alten Bundes, die jährlich zum Jom Kippur, zum großen Versöhnungstag, ins Allerheiligste vordrangen und immer wieder im jährlichen Rhythmus aufs Neue opferten. Das Opfer des Christus war einmalig und wirksam für alle Zeiten. Auch hatte er die Himmel durchschritten, aber es war das himmlische Allerheiligste, nicht wie die Priester des ersten Bundes, sie hatten nur jenes Abbild von Gottes himmlischem Heiligtum betreten. Christus aber durchschritt die Himmel selbst, das Original sozusagen.

Vielleicht könnte man die Versuchungsgeschichte heute neu schreiben. Denn auch unsere Fragen und Zweifel sind Jesus wohl bekannt. Hier ein kleiner Ausschnitt davon, wie ich es mir heute denke:

Satan: Schau doch Christus, die Kinder in Süd-Afrika. Noch nicht geboren, und schon im Mutterleibe erkranken sie an Aids. Wo ist denn deine Liebe und deine Allbarmherzigkeit?

Christus: *Ihre Engel im Himmel sehen allezeit das Angesicht meines Vaters im Himmel.* (Matth 18,10b) Schau auf die Liebe des Vaters! Und siehst du nicht meine Diener, wie sie sich mühen?

Satan: Oh, deine Diener? Du meinst die Diakone, Krankenschwestern, Pfarrer usw. Nun sieh selbst, immer mehr Menschen treten aus der Kirche aus. Scheint nicht weit her zu sein mit dem Bodenpersonal.

Christus: *Meine Kraft ist in den Schwachen mächtig.* (2.Kor 12,9) *Fürchte dich nicht, du kleine Herde! Denn es hat eurem Vater Wohlgefallen, euch das Reich zu geben.* (Lk 12,32) Schau meine Diener. Sie beten Tag und Nacht. Du kannst nichts ausrichten Satan.

Satan: Oh, du meinst die Religion? Das war doch deine Erfindung, oder? Schau, wie die Menschheit entzweit ist über den rechten Glauben. Noch nicht einmal die Christenmenschen sind sich untereinander einig.

Christus: Hast du nie gehört von meinem Diener Paulus: *„Das Reich Gottes steht nicht in Worten, sondern in Kraft.“* (1. Kor 4, 20) Die Religion ist das eine, das menschliche, aber das Reich Gottes wird kommen. Dagegen kannst du nichts tun. Im übrigens: was hast du eigentlich gegen den Diskurs der Philosophen? Hier Satan, nimm diesen Hieb.

Satan: Schau, da hat sich wieder einer in die Luft gesprengt und dabei 7 Menschen getötet und mehr als 30 verletzt. Und das sogar in Jerusalem. Wo ist deine Macht, du Fürst des Lebens?

Christus: Hast du nicht gehört von den Menschen, die sich weigern zu töten, die dem Hass abgeschworen haben. Und hast du nicht gesehen, wie das palästinensische Kind mit seinem jüdischen Nachbarkind spielte? Schau nur auf die Liebe des Vaters!

Wir wissen ja, wie der Kampf auf Golgatha ausging. Christus starb, und in seinem Sterben verschlang er den Tod auf immer. Seine Niederlage war sein Sieg. Tod, wo ist dein Sieg? Tod wo ist dein Stachel? Gott aber erweckte ihn zu neuem Leben und als der Auferstandene will er uns seither allezeit grüßen und tritt uns entgegen mit dem Ruf: Friede sei mit dir! (Wie auch hier in Großziehten auf der linken Seite dieses große Bild uns den Auferstandenen vor Augen malen will.) Auch jetzt in der Passionszeit, in der wie seine Leiden und seinen Tod aufs Neue bedenken.

Als Hohepriester dient er nun im himmlischen Heiligtum, nachdem er die Himmel durchschritten hat. Er wird im Hebräerbrief auch Priester nach der Ordnung Melchisedeks genannt. Dieser Melchisedek war König und Priester zugleich. Sein Name bedeutet: König der Gerechtigkeit. Und er war König von Salem, der Stadt des Friedens, also ein König der Gerechtigkeit und des Friedens. -

An einem Abend war ich im Pfarrhaus in Schönefeld zum Abendbrot eingeladen. Wir besprachen einiges mit einander, und P. und D., die Kinder von Pfr. M., saßen mit am Tisch. Wir aßen, schmierten Brote, tranken Tee. Eines der Kinder verschwand nach einiger Zeit, kam dann aber schnell wieder zurück an unseren Tisch und hatte etwas in der Hand: eine große goldene Krone aus Pappe zum aufsetzen, und eine kleine Krone, richtig goldglänzend. Sie gab mir die große Krone und behielt die Kleine für sich. „Oh, eine Krone", sagte ich. „Ja," sagte das Mädchen. „Für dich !". Ich setzte mir die Krone auf den Kopf. „Du bist jetzt ein Prinz", sagte sie. „Und ich", räsonierte P., und setzte sich selbst dabei die kleine Krone auf, „ich bin jetzt eine Prinzessin".

Seltsam, auf was für Ideen Kinder manchmal kommen. Aber ich glaube, liebe Gemeinde, dass sie hier spielerisch zum Ausdruck gebracht haben, worauf unser Text hinaus will. Christus hat uns als Hohepriester nach der Weise Melchisedeks, als Priester und König des Friedens und der Gerechtigkeit durch seinen Tod am Kreuz zu seinen Prinzessinnen und zu seinen Prinzen gemacht. Wir haben einen Hohenpriester, der mitleiden kann mit unserer Schwachheit, aber ohne Sünde, und der uns dazu aufruft, mit Freimut und Zuversicht als seine geliebten Kinder, als Prinzen und Prinzessinnen seines Reiches, vor seinen Thron der Gnade zu treten, und dort Hilfe zu empfangen. Er ruft uns zu:

Ihr, die ihr da geistlich arm seid, euch gehört das Himmelreich, ihr seid Prinzen des Vaters im Himmel. Ihr, die ihr Leid tragt, Kinder Gottes seid ihr. Ihr Sanftmütigen, ihr, die ihr hungert und dürstet nach der Gerechtigkeit, schon heute seid ihr Prinzen des kommenden Reiches, ihr Barmherzigen, ihr werdet Barmherzigkeit erlangen. Kommt zum Thron des Vaters mit Zuversicht. Ihr, die ihr Frieden macht, schon jetzt seid ihr die Prinzen des Friedensfürsten. Ihr, die ihr um der Gerechtigkeit willen verfolgt werdet. Erben des Reiches seid ihr.

Er, der Vater, will euch schon heute krönen mit Gnade und Barmherzigkeit, er will euren Mund fröhlich machen, so dass ihr wieder jung werdet, wie die Adler. Er will euer Haupt salben mit Öl und will euch voll einschenken. Gutes und Barmherzigkeit sollen euch folgen euer Leben lang, und ihr sollt bleiben im Hause des Herrn immerdar. Amen.

Das neue Gemeindehaus der Evangelischen Kirchengemeinde in Großziethen (bei Berlin).

IV. Thematische Predigten:

Auf, auf, mein Herz mit Freuden (26.)

Predigt zum Paul-Gerhardt Gottesdienst in der Evangelischen Kirche Stangenhagen

Liebe Gemeinde, „Gold im Munde hat der Morgen. Wünsch den Tag dir ohne Sorgen.“ Das waren die Worte eines Mädchens, so erzählt ein altes Märchen aus Österreich, wenn man anfing, mit ihr zu sprechen. Sie konnte einfach nicht anders. Immer wenn sie sprach, kam es heraus in Versen. Sie hatte kein einfaches Leben und musste so manches dunkle Tal durchwandern. Doch über ihrem ganzen Leben lag diese merkwürdige Gabe, die von manchen bewundert, von anderen belächelt wurde. Sie konnte einfach nicht anders, als in Versen reden. Selbst wenn sie Hunger hatte, sagte sie: „Bin vor Hunger schon halb tot, Liebe Eltern gebt mir Brot!“

Heute soll es nicht um jenes Mädchen aus einem alten Märchen gehen, sondern um den Pfarrer und Liederdichter Paul Gerhard, den es wirklich gegeben hat, um sein Leben und seinen Glauben. Aber so ähnlich wie bei dem Mädchen Anna, so verhielt es sich auch bei Paul Gerhard. Wir sehen ihn auf den unterschiedlichsten Stationen seines Lebens und er dichtet und dichtet, und schafft ein einzigartiges Werk deutscher protestantischer Liedkunst, die ihre Verbreitung inzwischen auf der ganzen Welt gefunden hat. Eine heitere Melodie von Versen, ein Cantus Firmus des Glaubens, begleitet trotz zahlreicher Schicksalsschläge, sein Leben. Seine Lieder finden sich in unserem Gesangbuch, aber auch in katholischen Gesangbüchern, bei Reformierten, wie bei Lutheranern, bei Pietisten, Methodisten, als auch im Liederschatz großer Theologen wie Adolf von Harnack oder Dietrich Bonhoeffer. Was ist das Geheimnis dieses so oft von Unglück heimgesuchten Mannes, der so viele trösten konnte mit seinen Predigten, mit Gesprächen und seinem pfarramtlichen Wirken, aber bis heute vor allem mit seiner ungeheuren Begabung des Dichtens frommer Verse und Lieder seinem Glauben überzeugend Ausdruck verlieh.

Und dann die zweite Frage: kann dieser fromme Mann mit seiner Dichtkunst auch noch heute hineinsprechen und trösten in unsere Zeit von G-8-Gipfel und Globalisierung, in eine Zeit des Terrors und der Medienwelt? Was ist das Zeitlose an seinem Werk?

Seine Lebensgeschichte ist schnell erzählt: geboren wurde er 1607 in Gräfenhainchen als Sohn eines Gastwirts in einer Kleinstadt nahe Wittenberg. Dort ging er zur Schule, lernte Latein, Lesen, Schreiben und Singen. Kirche und Schule standen in enger Verbindung und so halfen die Schüler auch immer wieder, mit den Gottesdienst in der nahen Kirche zu gestalten. Der Tagesrhythmus in der Schule war streng und hart. Er glich dem Leben im Kloster.

1619, Paul Gerhard war erst 12 Jahre alt, verlor er seinen Vater. Zwei Jahre später verlor er auch seine Mutter. 1622 besucht er die Fürstenschule in Grimma. Eine Pestepidemie suchte die Stadt heim. Doch Paul Gerhard blieb und machte 1627 seinen Abschluss.

Ein Jahr später beginnt er mit dem Theologiestudium in Wittenberg, der Hochburg des damaligen orthodoxen Luthertums. singen und musizieren gehörten hier ebenso zum Lehrplan, wie die hohe Theologie. Also beschäftigte er sich auch mit der Dichtkunst, z.B. mit Martin Opitz.

15 Jahre blieb Paul Gerhard in Wittenberg. Ein wenig lange für ein Theologiestudium, würden sie vielleicht denken. Ein Teil davon ist er auch als Hauslehrer beschäftigt gewesen. Inzwischen ist der 30jährige Krieg über das Land hereingebrochen und hatte schlimme Verwüstungen, Hungersnöte und Pestepidemien im Gefolge hereingebracht. Diese Situation findet in seinen Liedern ihren Niederschlag.

Warum Paul Gerhard so lange brauchte, um seine erste Pfarrstelle anzutreten, wissen wir nicht genau. Einige Historiker vermuten, dass der 30jährige Krieg daran schuld gewesen sei, der die Landschaften verwüstete und ganze Dörfer entvölkerte. Vielleicht gab es aber auch bei Gerhard ein eigenes Zögern, eine Ehrfurcht vor dem hohen Amt.

Auch in Berlin war er erst einmal als Hauslehrer tätig. Seine Freundschaft mit Johann Crüger, dem Kantor der Berliner Nikolai-Kirche, wurde dort sehr wichtig für ihn, denn Crüger war es, der ihn als Dichter erst so richtig entdeckte, viele seiner Lieder vertonte, und von ihnen einige in sein „Berlinisches Gesangbuch“ aufnahm.

1651 wurde er dann als Propst und Pfarrer nach Mittenwalde gerufen, seiner ersten Pfarrstelle Hier versah er den Dienst eines Predigers und Pfarrers mit all seinen Aufgaben: Taufen, Trauungen, Beerdigungen, auch Verwaltung. Beliebt war er vor allem wegen seiner volksnahen Sprache.

1655 heiratete er Anna Maria Berthold, Tochter eines Juristen, in dessen Haus Gerhard als Hauslehrer gewirkt hatte. Das erste Kind der Gerhards, Maria Elisabeth, verstarb schon nach einem Dreivierteljahr, auch die beiden folgenden Kinder, die ihm in seiner Berliner Zeit geschenkt worden waren, starben noch als Babys. Nur ein Sohn von insgesamt fünf Kindern überlebte den Dichter. In welchen Situationen Gerhards Lieder genau entstanden sind, wissen wir nur noch in den seltensten Fällen. Einmal soll in Mittenwalde das Brot derart knapp gewesen sein, und Gerhard hatte nicht einmal einen Kreuzer, damit seine Frau das Allernötigste kaufen konnte. Da sprach er zu ihr: „Ich will dir Speise besorgen, die nicht vergeht.“ Schloss sich in sein Studierzimmer ein, und zwei, drei Stunden später las er ihr das Lied vor: „Befiehl du deine Wege und was dein Herze kränkt.“ Es ist anzunehmen, dass der

Dichter gerade in den schwersten Augenblicken seines Lebens ein Verslein machte. Kunst gegen das Verdunkeln der Seele, gegen Mutlosigkeit und einem „nicht mehr weiter wissen". Es war das Gottvertrauen, das die Kunst weckte und die Kunst, durch die der Glaube gestärkt wurde.

Nach sechs Jahren Dienst in Mittenwalde wurde der dichtende Pfarrer an die Nikolaikirche in Berlin gerufen. Wir schreiben das Jahr 1657. Der Krieg hatte tiefe Wunden gerissen. Materielle Nöte, aber auch seelische Leiden waren die Folgen und so war die Arbeit der Kirche gefragt. Zudem befinden wir uns in einer Zeit, die auch das konfessionelle Zeitalter genannt wird, in der es tiefe Gräben zwischen lutherischen und reformierten Christen gab. Das Herrscherhaus der Hohenzollern war reformiert, die Bevölkerung aber zu 95% lutherisch. Beißende Polemik gegen die andere Glaubensrichtung war auf den Kanzeln nichts ungewöhnliches. Nicht selten wurde die andere Konfession öffentlich verdammt. Der große Kurfürst Friedrich Wilhelm verhängte ein Edikt, das die Glaubensrichtungen zur Mäßigung und Toleranz zwang. Jeder Pfarrer musste es unterschreiben. Wer sich weigerte, wurde entlassen. Die lutherischen Pfarrer wurden in ihm dazu gezwungen, einen immer noch praktizierten „Exorzismus" bei der Taufe abzumildern, und der Konkordie, einer lutherischen Bekenntnisschrift abzusagen. Für Paul Gerhard eine unmögliche Forderung. Als er sein Amt niederlegen musste, wehrte sich die Öffentlichkeit aufs heftigste gegen die Entlassung des beliebten Liederdichters. Als er wieder in sein Amt eingesetzt werden sollte, verzichtete er jedoch aus Glaubens-, und Gewissensgründen auf seine Pfarrstelle.

Kurz darauf verstarb Gerhards Frau, erst 46 Jahre alt. Hatte er sonst immer wieder Trost auch in seinen eigenen Liedern und durchs Dichten selbst gefunden, so schreibt er nach dem Tode seiner Frau nichts mehr.

1669 wechselt Gerhard nach Lübben in den Spreewald. Dies lag außerhalb des Wirkungsbereiches des kurfürstlichen Ediktes.

In Lübben sind jedoch keine Werke Gerhards mehr entstanden. Fast 70-jährig im Jahre 1676, verstirbt er hier und wird in der Lübbener Kirche begraben.

Das sind erst einmal Gerhards Lebensdaten, knapp umrissen. Schauen wir aber nur auf sie, dann haben wir noch nicht alles vom Leben Paul Gerhards verstanden. Seine Lieder aber verraten uns etwas von dem unbezwingbaren Glauben dieses Mannes und von dem Mysterium seiner Hoffnung in dunkelsten Stunden. Es war Paul Gerhard gegeben, immer wieder auf Christus zu schauen, auf den lebendigen Gott, und sich seiner Hilfe und seines Sieges zu vergewissern. So heißt es in einer Strophe: *Er war ins Grab gesenket, der Feind trieb groß Geschrei; eh er's vermeint und denket, ist Christus wieder frei und ruft Viktoria, schwingt fröhlich hier und da sein Fähnlein als ein Held, der Feld und Mut behält.*

Gott, Gott und abermals Gott. Sein Sohn Jesus Christus und was er uns mit ihm alles reichlich schenkt an geistlichen Gütern, an Trost, an Sieg. Das waren die Themen von Paul Gerhards Liedern. Margot Kässmann, die Bischöfin in Hannover, hat kürzlich zugegeben, dass die Evangelische Kirche hinter ihrem sozialen Engagement lange das Glaubensthema vernachlässigt hatte. Paul Gerhard nimmt uns hinein in seine Beziehung zu seinem Gott, lässt uns den Glauben neu erfahren, wie er ihn gelebt hat.

Das ist mir anzuschauen ein rechtes Freudenspiel; nun soll mir nicht mehr grauen vor allem, was mir will entnehmen meinen Mut zusamt dem edlen Gut, so mir durch Jesus Christ aus Liebe erworben ist.

Gott und die Seele ist das Bild, das uns Paul Gerhard immer wieder anbietet. Er nimmt uns hinein in seine Beziehung zu seinem Gott und Heiland. Wir können uns entscheiden, ob mit diesem „mir" auch unser eigenes Ich gemeint ist, ob auch wir uns nicht mehr grauen lassen wollen, ob auch wir sagen: was will mir eigentlich noch den Mut nehmen, wenn ich nur Christus habe?

Paul Gerhard lässt uns wissen: seine Beziehung zu Gott ist keine Sonderbeziehung eines Pfarrers, sondern jeder Christ kann sie erleben, jeden nimmt Gott an, zu jedem soll eine solch vertrauliche Beziehung entstehen zwischen ihm und seinem Gott.

Jeder kann in seinem Herzen diese Worte sprechen: *Die Höll und ihre Rotten die krümmen mir kein Haar, der Sünden kann ich spotten, bleib allzeit ohn Gefahr. Der Tod mit seiner Macht wird nichts bei mir gedacht; er bleibt ein totes Bild, und wär er noch so wild.*

Ja, jeder kann diese Worte sprechen, weil Christi Macht sich größer erwiesen hat als der Tod. Der Tod bleibt ein totes Bild, ein Bild in dem sich kein Gotteskind finden lässt. Kein Mensch der Gott vertraut wird auf diesem Bild abgebildet, sondern findet sich im Buch des Lebens geschrieben.

Die Kraft der Dichtungen Paul Gerhards liegen in dieser Art den Hörer und Beter seiner Lieder mit hinein zu nehmen in eine persönliche Beziehung zu Christus seinem Heiland. Als Kind Gottes, gibt der Dichter jedem zu bedenken, wie pausenlos Gott im Einsatz ist, um seinen Liebsten alles erdenklich Gute zu tun.

Abend und Morgen sind seine Sorgen; segnen und mehren, Unglück verwehren sind seine Werke und Taten allein. Wenn wir uns legen, so ist er zugegen; wenn wir aufstehen, so lässt er aufgehen über uns seiner Barmherzigkeit Schein. (Die güldne Sonne, Strophe 4)

Damit bringt Paul Gerhard wichtige Gedanken der Bibel in dichterischer Form wieder. Sie haben es vielleicht erkannt. Es sind Verse, die doch stark an den Psalm 139 erinnern: *„Ich sitze oder stehe auf, so weißt du es....Ich gehe oder liege, so bist du um mich und siehst alle meine Wege.“*

Auch das bekannte Lied: „Befiehl du deine Wege“ ist nichts anderes als eine Umdichtung des 37. Psalms. „Du meine Seele singe“ eine Verarbeitung von Psalm 146 und *„Ist Gott für mich so trete gleich alles wider mich*“ nach Röm 8,31-39 gedichtet. Paul Gerhards Geheimnis, das Geheimnis seines ausdrucksstarken Liedgutes ist die Bibel und dessen Sprache, die er nun aber doch einer volksnahen Ausdrucksweise anpasst. Auch das Thema „Gott und die Seele“ ist ja aus der Bibel entnommen. Wenn Paul Gerhard in „Warum sollt ich mich denn grämen“ eine Rezeptur und Selbstermahnung zum Umgang mit der eigenen seelische Dunkelheit gibt, so erinnert das zweifelsohne an Psalm 42, wo es heißt*: „Was betrübst du dich, meine Seele, und bist so unruhig in mir? Harre auf Gott; denn ich werde ihm noch danken, dass er meines Angesichts Hilfe und mein Gott ist.“ (V.6) Amen.*

Der Sinn des Lebens (27.)

Predigt über den Sinn des Lebens in der Evangelisch-methodistischen Kirche Baden (Schweiz)

Eine halbe Nacht saß ich einmal mit einem Freund zusammen. Wir diskutierten über den Sinn des Lebens. Es ging über die Existenzialisten, Camus, Sartre, die Bibel, die antiken Philosophen, bis wir beide ziemlich erschöpft uns tot geredet hatten. Er konnte ja gut diskutieren, kannte sich aus. Und ich, war gerade im ersten Semester Theologie. Nach einer Weile, es stand sozusagen unentschieden, sagte ich etwas wie: „….und was ist eigentlich das Problem?" Dann rückte er mit der Sprache heraus: seine Freundin hatte mit ihm Schluss gemacht. Das war das Problem. ……und was ist der Sinn von allem?

Macht es überhaupt Sinn nach dem Sinn des Lebens zu fragen? Vielleicht nicht. Vielleicht gibt es ihn ja auch gar nicht. Ich erinnere mich an ein anderes Gespräch. Es war damals auf dem Schulweg zu meinem Gymnasium. Ich lief oft zusammen mit einem Klassenkameraden, der den gleichen Weg hatte. Wir waren nicht unbedingt Freunde, einfach Klassenkameraden. Er war ein Crack in Sachen Sport. War einer der besten Fußballspieler. Ich irgendwie schon immer der Philosoph. Dann wollte ich ihn einmal mit dieser Frage foppen: Was glaubst du eigentlich, ist der Sinn des Lebens? Und er sagte nur: Der Sinn? Nun, der Sinn des Lebens ist das ich lebe, dass ich Fußball spiele!! (Und im Geheimen dachte er bestimmt: Was für eine blöde Frage!) Nun heute denke ich, dass er irgendwie gar nicht so unrecht hatte mit seiner Ungeduld, mit seiner Empörung. Aber ich ließ nicht locker: Irgendeinen Sinn muss das Leben doch haben?

Natürlich könnte ich die Frage nach dem Sinn des Lebens beantworten mit: Christus zu dienen. Ihm nachzufolgen. Also irgendeine fromme Antwort geben. Dann wären vielleicht einige erlöst, zufrieden, ja, so denke ich auch. Aber diese Antwort, glaube ich, hilft nicht viel. Außerdem glaube ich, dass die Zeiten vorbei sind, dass wir von Gott denken könnten, wie von einem Mysterium in einem Tempel, der/das unbedingt unseren Dienst braucht. Oder, dass wir ihn besänftigen müssten mit Opfern. Also, ich will keine einfache, fromme Antwort geben. Ich denke, sie wäre falsch.

Ich will den Satz lieber umdrehen, und einmal sagen: ich denke, der Sinn des Lebens besteht darin, dass Christus uns dient. Dass wir Christi Taten für uns zählen lassen. John Wesley hätte es vielleicht so formuliert: Dass du lernst, dass du aus Gnade lebst, vermittelt durch den

Heiligen Geist. Ich könnte auch sagen, und damit meine ich das gleiche: Der Sinn des Lebens ist der, dass du dich entspannst! Oder besser noch: dass du Humor entwickeln lernst!

Jetzt beginnt es wahrscheinlich in einigen zu rumoren: hey, ich habe gerade meine Arbeit verloren, oder durchlebe gerade eine Scheidung, meine Freundin ist mir weggelaufen. Oder: ich habe gerade ein paar tausend Franken an der Schweizer Börse verloren. Oder: ein lieber Angehöriger, Freund, Lebenspartner ist gestorben, und du sagst mir, ich solle mich entspannen? !!!

Nun, wir sehen wahrlich das Leben oft von einer anderen Seite. Was wir gelernt haben ist doch eher: der Sinn des Lebens ist, dass ich mich anstrenge, dass ich etwas leiste, dass ich zeige, was in mir steckt, was ich kann. Einfach am meisten herauszukriegen aus diesem Leben, und das heißt doch: Geld verdienen! Und wer am Schluss am meisten Stutz, Moneten, angesammelt hat, der hat gewonnen.

Vielleicht ist das wirklich eine Zumutung, Humor zu lernen in den auswegelosesten Situationen. Ich glaube auch nicht, dass wir das von allein schaffen. Und ich selbst bin vielleicht auch wirklich kein so gutes Vorbild dafür. Aber ich meine es ernst: Ich glaube, der Sinn des Lebens liegt darin, dass wir über uns selbst lachen, eine Heiterkeit und Gelassenheit uns schenken lassen, die eigentlich nur von Gott kommen kann.

Lasst mich das an einem Beispiel erklären. An dem Beispiel eines japanischen Schriftstellers. Sein Name ist Shiina Rinzo. Er gehört zu den bekanntesten Autoren Japans. Leider ist bisher nur wenig von ihm in westliche Sprachen übersetzt worden. Leider. Sein bürgerlicher Name ist Noboru Otsubo. Er war 1911 in Himeji, in der Nähe von Kobe, also in Zentraljapan, geboren. Das liegt nicht weit von der alten Hauptstadt, Kyoto. Er war 8 Jahre alt als seine Eltern sich trennten. Danach lebte er bei seiner Mutter. Seine Mutter hatte mehrmals versucht sich umzubringen. Der kleine Shiina musste das mit erleben. Als er älter wurde, hatte er auch erfahren, dass seine Mutter ihn eigentlich gar nicht gewollt hatte. Sie hatte versucht schon vor der Geburt mit Medikamenten sein Leben zu beenden. Er war 15/16 Jahre alt, als er seine Mutter verließ. Er rannte einfach von zu Hause fort. Arbeitete in einem Restaurant. Bei der Firma Sanyo in Osaka hatte er nach seinem Vater gesucht. Er streunte durch die Straßen der Stadt bis er schließlich in einer Unterkunft für Homosexuelle Unterschlupf fand. Er überlebte nur durch Essensreste von einem Restaurant. Mit 18 Jahren arbeitete er für „Sanyo Electric Railways“. Als er dort arbeitete, wurde er für die Gewerkschaft aktiv und schloss sich später der Kommunistischen Partei an. Bei einer Massenverhaftung in Tokyo kam er wegen seiner politischen Aktivitäten ins Gefängnis. Ein Jahr musste er hinter Gittern, aber 10 Jahre lebte er unter strenger polizeilicher Überwachung. Während er inhaftiert war, beschäftigte er sich mit Schriften von Dostojewski, Nietzsche und Kierkegaard. Später arbeitete er für eine Streichholzfirma, dann für eine Eisengießerei. Schließlich als Assistent für eine Zeitung und seit 1941 als Schriftsteller. Das war ein langer und mühsamer Weg.

Erst 1947 hatte er mit einem Werk großen Erfolg. Shiina schrieb für die Menschen in der Nachkriegszeit. Er wusste, was Hunger, Verzweiflung, Depression und Ausgeliefertsein bedeuten kann. Sein Thema war oft die Sinnlosigkeit des Lebens, die Furcht vor dem Tod und die Suche nach Freiheit. Zu Weihnachten 1950 erlebte er eine Bekehrung. Mit erst 40 Jahren wurde er getauft. Vor seiner Taufe war das Leben für ihn ein Aushalten. Nach seiner Taufe entdeckte er den Humor als Antwort auf die Frage nach dem Sinn des Lebens. Er lernte zu lachen. Er begann zu verstehen, dass der Mensch sich selbst oftmals zu ernst nimmt und sich selbst oft an die Stelle Gottes setzt. Schließlich haben wir Gott nichts anderes zu bieten als unsere Sünden. Er fand Gefallen am Matthäusevangelium, besonders an den Auferstehungsgeschichten. Dann las er das Lukasevangelium.

Einmal schaute Shiina morgens in den Spiegel. Er sah sich selbst und dachte: Du bist ein Idiot! Doch das Gesicht im Spiegel lächelte zurück, trotz Beleidigung. Das war für Shiina ein wichtiger Moment.

Das Wort ‚Glaube' bedeutete für Shiina „to be at ease", gelöst zu sein. Glaube ist eine Haltung der Elastizität, wenn ein Mensch die Fähigkeit hat zu entspannen und über sich hinaus zu wachsen. Das japanische Wort für „Gelöstheit" kann auch „Liebe", „Gott" oder „Alles" heißen.

Trotz seines Bekehrungserlebnisses hörte Shiina nicht auf, auch mit Gott zu kämpfen, wie Jakob am Jabbok. Er kannte Gefühle des Hasses und seelische Schmerzen. Der Glaube war und blieb für ihn paradox. Es war immer ein Glauben und Nicht-Glauben. Es war die eine humorvolle Ironie, die zu Heiterkeit und Gelöstheit führte.

Kann man wirklich so gelöst und heiter sein in allen Schicksalsschlägen, die das Leben und wir selbst uns antun? Ich glaube, dass dazu ein Ruhen und ein Blick auf Gott gehört. Es mögen vielleicht alle möglichen schlechten Gefühle und Sätze über uns dabei hochkommen und auftauchen, aber ein Lächeln, ein wohlwollender Blick Gottes auch. Er sagt uns, dass wir geliebt sind. Alles ist in Gottes Hand. Du, dein Leben, der Sinn. Du kannst du selbst sein mit deiner Verzweiflung, mit deiner Wut, mit deinen Fehlern, mit deinem Lächeln. Denn ob dein

Leben gelingt hängt nicht von deiner eigenen Leistung ab. Auch nicht von der Leistung deinem Leben einen Sinn geben zu wollen. Es ist Gott, der dich zum Leben ruft und einlädt.

Der Sinn des Lebens ist, dass du dich entspannst und dass du lächeln lernst – für dich und für andere. Amen.

V. Anhang

28. Literatur

1. DIBELIUS, Otto, Die werdende Kirche, Hamburg 1962.
2. Division of Christian Education of the National Council of the Churches of Christ in the United States of America (Hg.), Holy Bible – New Revised Standard Version, Michigan, 1989.
3. Evangelische Haupt-Bibelgesellschaft (Hg.), Evangelisches Gesangsbuch, Berlin 1993.
4. KAGAWA, Toyohiko, Songs from the Slum, Nashville 1935.
5. McLUHAN, Marshall, Das Medium ist die Botschaft, Dresden 2001.
6. Medienwerk der Evangelisch-methodistischen Kirche (Hg.), Gesangbuch der Evangelisch-methodistischen Kirche, Frankfurt/Zürich/Wien 2009.
7. RUSCHMANN, Susanne, Maria von Magdala, Stuttgart 2003.
8. TAKENAKA Masao, Consider the Flowers, Tokyo 1990 (jap. Hana no Inori, Tokyo 1989
9. Ders. und WATANABE Sadao (Hg.), Biblical Prints, Tokyo 1985).

29. Predigtliste nach Entstehungsorten

MIX
Papier aus verantwortungsvollen Quellen
Paper from responsible sources
FSC® C105338

Printed by Books on Demand GmbH, Norderstedt / Germany